ブックレット 近代文化研究叢書 6

理想と現実の間に

生活改善同盟会の活動

礒 野 さとみ

目　次

1. はじめに　　　　　　　　　　　　　　　　　　　　　　　　　05

2. 生活改善同盟会設立の背景　　　　　　　　　　　　　　　　　07
   1) 大正期の臨時教育会議による通俗教育に関する諮問内容　　　07
   2) 文部省普通学務局第四課の設置と生活改善普及事業　　　　　09
      (1) 乗杉嘉寿と日常生活の改善　　　　　　　　　　　　　　09
      (2) 生活改善展覧会と生活改善講習会の開催　　　　　　　　11
         ① 生活改善展覧会　　　　　　　　　　　　　　　　　　12
         ② 生活改善講習会　　　　　　　　　　　　　　　　　　13

3. 生活改善同盟会の設立　　　　　　　　　　　　　　　　　　　13
   1) 生活改善同盟会設立の呼びかけ　　　　　　　　　　　　　　13
   2) 生活改善同盟会設立の呼びかけに応じた人々　　　　　　　　14
   3) 発会式と会長の選出　　　　　　　　　　　　　　　　　　　16
   4) まとめ　　　　　　　　　　　　　　　　　　　　　　　　　17

4. 生活改善同盟会の活動目的　　　　　　　　　　　　　　　　　19
   1) 会規約ならびに寄附行為　　　　　　　　　　　　　　　　　19
   2) 「会員相互の協力」から「社会民衆を教育」する活動組織へ　21
   3) 事務所所在地　　　　　　　　　　　　　　　　　　　　　　22
   4) 英文名とシンボルマークとしての徽章と門標　　　　　　　　23

5. 事業展開　　　　　　　　　　　　　　　　　　　　　　　　　25
   1) 事業内容の範囲　　　　　　　　　　　　　　　　　　　　　25
   2) 7つの部の開設　　　　　　　　　　　　　　　　　　　　　26
      (1) 調査部　　　　　　　　　　　　　　　　　　　　　　27
         ① 4つの改善調査委員会の設置時期と活動　　　　　　　27
         ② もう一つの改善調査委員会の設置時期とその活動　　　29
      (2) 事業部　　　　　　　　　　　　　　　　　　　　　　30
         ① 支部の設置　　　　　　　　　　　　　　　　　　　30
            a) 支部・連合支部・分会　　　　　　　　　　　　　30
            b) 設立した支部　　　　　　　　　　　　　　　　　31
            c) 地方との協力体制　　　　　　　　　　　　　　　33

		② 講演会、講習会	34
		③ 展覧会	36
	(3)	経理部	37
	(4)	拡張部	39
	(5)	出版活動と出版部の設立	41
		① 機関誌	41
		② 単行本	41
		a) 改善調査委員会と単行本	42
		b) 改善調査委員会の活動以外の単行本	44
		c) 善良なる読み物	45
	(6)	紹介部	46
	(7)	相談部	49

6. 実用的で単純な生活様式　　　　　　　　　　　　　50

7. むすびにかえて　　　　　　　　　　　　　　　　　53

8. 註　　　　　　　　　　　　　　　　　　　　　　　58

9. あとがき　　　　　　　　　　　　　　　　　　　　79

謝辞　　　　　　　　　　　　　　　　　　　　　　　　80

用語説明

・生活改善同盟会の設立にかかわっていた当時の文部省は、明治4年（1871）に国内の教育を総括する国の機関としてつくられ、130年後の平成13年（2001）の省庁再編によって科学技術庁と統合されて文部科学省となり今日に至っている。

凡例

・生活改善同盟会は、大正11年に財団法人生活改善同盟会となるが、本書では原則「生活改善同盟会」と表記した。
・本書では、新字体を用いる。ただし、人名については史料記載のまま旧字体を用いた。
・史料に記載されたルビは、引用文ならびに註書きにおいて原則として省略した。
・地名ならびに学校名は、原則として史料掲載名を記した。

1. はじめに

　生活改善同盟会は、第1次世界大戦後の大正9年に作られ、大正11年に財団法人生活改善同盟会になり、昭和8年に財団法人生活改善中央会へと変化し、様相を変えながら少なくとも昭和18年まで活動を続けたことが確認できる社会啓蒙活動団体である。

　会の名称は、今日、小学校はもとより中学校や高等学校の日本史の教科書に登場しないこともあり、ほとんどといってよいほど知られていない。辞典類や教育史、生活史、住宅史の専門著書を繙いても、生活改善同盟会の名称と設立時期は記載されてはいても、それぞれ専門書の扱う分野と直接かかわる活動のみを紹介するだけで、かつ主として大正期の活動を説明するにとどまっているのである。生活改善同盟会は、その名の通り「生活改善」の普及を目的として活動した団体で、背後に当時の文部省がかかわっていた組織的活動体であった。その普及活動の成果は、庶民生活に実際に影響を与えるまでには至らなかったといわれている[註1]が、実態は未だ不明な部分を残しており、20年に亘り調査と研究を続けてきた筆者にも皆目解明できない点が多い。

　しかし、この運動は、官主導の官・民双方による国民生活を改善させることを意図した企画であり、我が国の近代化の過程を研究する者として等閑視できないものを持っていることは明らかである。生活改善運動を促した要因は何であったのか。生活の欧化、あるいは日常生活の合理化運動はどこまで当時の人々に受け入れられたか。またそれが浸透しない場合、その限界とはどのようなものであったのか。

　本書は、入手可能な資料をもとに、生活改善同盟会の掲げた理念と運動方針、それを生んだ時代背景、具体的活動案とその実践の浸透度、限界などについて、資料から知りうる事業内容の分析を通して推断を試み、大正期から昭和前期にかけて、とくにその草創期、展開期といえる昭和8年までに重点をおき、生活改善同盟会の実像に迫ろうとするものである。改善させようとしている生活の範囲は、衣食住から、社交儀礼まで広域に亘って展開しており、本著で筆者は生活改善同盟会の事業展開の全貌を追う。

　本文に入る前に明治期から大正初期にかけての生活改善の展開と、ヨーロッパから入ってきた『単純生活』について簡単に紹介したい。

明治時代の近代化は、天皇の洋装、そして鹿鳴館に代表される上流階級の人々に対し官主導で行われた衣・食・住・社交儀礼などの改善から始まり、欧化とかかわりながら展開してきた。欧化は上流階級の人々に対する改善に続き、市井の日常生活、衣食住にも及び、日本人の立ち居振る舞いだけでなく、生活に対する考え方にも変化をもたらした。欧米諸国の思潮、生活様式の移入は、その時代をリードする知識層の世界的思潮への共鳴に関与するところが大きかった。明治の知識層の多くは江戸期に遡る教養の基盤をもち、開明的気風を培っていたのである。近代合理精神の芽生えは、日本人のそれまでの伝統的生活の中にすでにみられ、それが欧化推進を助けたことは看過できない。

19世紀末は世界的にも時代の転換期であった。フランス人のキリスト教牧師シャルル・ヴァグネル（1852-1918）は、物質的欲求により複雑化した生活を見直し、本質に立ち戻った簡素な生活を説く"LA VIE SIMPLE"（1895年出版）を著し、実用書として広く読まれた。同書が1901年"THE SIMPLE LIFE"としてアメリカで英訳刊行されると、大統領ルーズベルトはこれを国民に推奨し多くの読者を獲得した。[註2] この時期滞米中の中村嘉寿は、明治38年（1905）3月に原著者から日本語への翻訳権を貰い受け、12月には『単純生活』として訳出出版した。翌明治39年2月には英訳本を知人に勧められた布施知足が『簡易生活』として訳出刊行。次いで明治40年10月には文部大臣が演説の中で本書を評価している。これを受けて文部省は明治44年（1911）翻訳に着手、大正2年（1913）6月に『単純生活』として刊行した。[註3] 日本では原著刊行から10年後に初訳刊行、8年間に3種の訳本が出たことになる。教育を統括する国の中央機関が生活思想の輸入に力を入れ本書にお墨付きを与えたことと、大正期の文献に「単純生活」、「簡易生活」の用語が散見されることとは無縁ではあるまい。[註4]

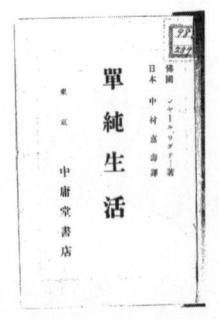   

図1 中村訳『単純生活』＊　　図2 布施訳『簡易生活』＊　　図3 文部省訳『単純生活』の背と奥付
＊（国立国会図書館蔵「近代デジタルライブラリー」より転載）

2．生活改善同盟会設立の背景

1）大正期の臨時教育会議による通俗教育に関する諮問内容

　明治初期に始まった我が国の新しい教育は、大正期に入ると見直しの時期に入る。この見直しのために開かれた会議を臨時教育会議といい、大正6年（1917）から大正8年（1919）まで開かれ、内閣総理大臣のもとで教育に関する事項が調査審議された。臨時教育会議には、小学教育に関する件、高等普通教育に関する件、大学教育及専門教育に関する件、師範教育の改善に関する件、視学制度に関する件、女子教育に関する件、実業教育に関する件、通俗教育に関する件、学位制度に関する件の9つが諮問されている。この臨時教育会議は、第二次世界大戦までの戦前の教育の方向性を決めたといわれる会議であった。[註5]

　9つの諮問からわかるように、教育の範囲には小学校から大学までの学校教育などとともに通俗教育と呼ばれた分野があげられている。通俗教育とは、博物館、図書館、演劇や寄席、そして映画、音楽、出版物、スポーツなどが対象に入り、学校外の広範囲を網羅する教育分野で、今日の社会教育に相当する。我が国では労働問題や農民問題など当時の社会に横たわる諸問題の対応策が立てられるが、日常生活や社会生活、家庭生活にかかわる通俗教育には大きな期待がかけられた。

　通俗教育に関する審議は大正7年（1918）10月、12月に行われ、ここでの諮問「通俗教育ニ関シ改善ヲ施スヘキモノナキカ若シ之アリトセハ其ノ要点及方法如何」[註6]に対する答申は11項目に及び、この答申に従って通俗教育の改善が進められていくことになる。

　答申の内容は次のようであった。[註7]

　第1項目は、文部省が朝野の各方面と連携しながら通俗教育に関する事項を審議するために、文部省内に調査会を設置すること。

　第2項目は、通俗教育に関する施設の計画および実行の担当者として主任官をおくこと。

　第3項目は、地方団体および教育施設と、その他の公益団体の協力を促し道府県にも通俗教育を担当する主任官をなるべくおくこと。

　第4項目は、通俗教育に従事する人を養成する施設を設けること。

　第5項目は、善良なる読物等を豊かに供給するために、積極的に出版活動を

行うとともに、あわせて出版物の取り締まりについて一層注意を払うこと。

第6項目は、通俗図書館博物館等の発達を促し、これら施設に備え付けるべき図書および展示品に対しても十分な注意を怠らないこと。

第7項目は、通俗講演会を奨励し、開催する講演会の内容も一層適切であるようにすること。

第8項目では、活動写真その他の興業物の取り締まりに関して全国的な準則を設けること。

第9項目では、健全なる和洋の音楽を奨励し、殊に俗謡の改善を図ること。

第10項目では、劇場寄席等の改善を図ること。

第11項目では、学校外での体育上の施設を改善し、その普及を図るとともに競技に伴う弊害を除くこと。

答申は文部省に求めた改善点であり、通俗教育に関する事業を審議するため文部省内に調査会を設置することを第1項目に掲げ、事業内容実務的計画およびその遂行を職務とする担当官をおくことを第2項目に掲げている。第1項目の答申理由には、文部省が地方公共団体と各地の諸団体や教育施設、ならびに他省と連絡を密にとりながら通俗教育に関する事業を行うために、文部省内に通俗教育に関する事項を審議する調査会を設置することがあげられており、これらから文部省と地方公共団体や各地にある関連活動を行っている団体との連携を重要視していることが読み取れる。このように最初に全国の組織間の連携と通俗教育の指揮にあたる人的配置を求めたのである。次に各地の地方公共団体に対しても担当官の配置を求め、第4項目では通俗教育に携わる人物を育成するための施設の設置を求めている。通俗教育のための講演会や出版物の推進とその内容を監督し、さらに健全な和洋の音楽を奨励して、映画など興行物を取り締まり、あわせて図書館・博物館等の施設の充実と備え付ける図書・展示品に十分注意すること、善良なる図書の刊行、学校外での体育関連施設の確保などを求めていたのである。

これら答申内容を実現するために、文部省が最初に行ったことは、第2項目に掲げられた専任の担当官をおくことであった。この最初の通俗教育専任の担当官に就いたのが乗杉嘉寿という人物である。なお、大正9年5月には、社会教育事務取扱主任吏員の特設に関する通牒が出され、[註8]第4項目の実現を開始している。

専任の担当官となった乗杉嘉寿は、答申で求められた事柄に答を出すべく、課の活動の一環として生活改善同盟会を組み入れていく。本著では、生活改善同盟会の活動を紹介し、答申との関連性についてあわせて触れていく。

2）文部省普通学務局第四課の設置と生活改善普及事業
（1）乗杉嘉寿と日常生活の改善

　乗杉嘉寿は、東京帝国大学卒業後、明治37年（1904）に文部省に入り、普通学務局で通俗教育を担当していた。大正6年3月から約1年9ヶ月間、海外に赴いている。アメリカ、イギリスでは教育および教授法研究を学び、さらにフランス、イタリア等で社会教育施設を見学し、大正7（1918）年12月に帰国した。[註9]

　大正7年12月の臨時教育会議の答申により、通俗教育専任の担当官をおくことが求められると、文部省では欧米での社会教育施設の視察を終えて帰国したばかりの乗杉嘉寿を翌大正8年（1919）4月24日に担当官に任命する。そして同じ大正8年6月には、通俗教育担当の課として普通学務局に第四課を新設し、乗杉が初代課長となっている。[註10]

　乗杉は生活ならびに生活改善に対する考え方を、大正9年6月に実施された社会教育講習会の講演「生活改善の意義」中で次のように捉えている。

　生活については「人事の総てが即ち生活で」あり「他の言葉で言へば所謂人間の活動の一切を意味することである」とし、生活を改善するということは「人間其ものゝ改善と言つても宜い」というように、生活とは人間の活動全てであり、この生活を改善することは思想をも改善することにつながる。[註11] そして生活は、「吾々人類の総てが平和といふ一大目的に向つて或は国際的の生活（インターナショナルライフ）に於て、或は各自の国家的の生活（ナショナルライフ）或は社会的の生活（ソシャルライフ）に於て、或は家庭的の生活（ファミリーライフ）或は個人の生活（インディヴィデュアルライフ）に於て、此等生活の内容或は様式に一大改造を企てゝ、茲に新生命を開拓しなければならぬ」[註12] と、生活を国際的生活から個人的生活まで5つの段階に捉え、改善が必要であると考えていた。

　具体的に生活をどのように取り上げ改善の対象としていくのかということについては、「生活の全般に亘つて論ずる訳ではないのでありまして、主として

吾々の日常送つて居る社会的及家庭的生活における衣食住の問題を初めとして、又其他日常生活に於ける所の社交、儀礼或は其の他の慣習形式と云ふやうな方面に就ての改善を意味するのであります」[註13]と社会生活と家庭生活における衣食住と、社交、儀礼、慣習などが改善の対象にあり、つづけてそれらを衣・食・住とともに社交・儀礼に分けること、これらに慣習がかかわっていることから、これら全てを改善の対象と乗杉は考えていた。先の5段階の生活カテゴリーのうち、乗杉は社会的生活、家庭的生活、個人的生活の範囲を取り上げようとしていたことがわかる。このように日常生活を取り上げるとともに、乗杉は「衣食住といふやうな問題なり、或は其の他の日常生活の慣習とか様式とかいふものゝ改善は、矢張之れを詮じ詰めて見ますれば、其の基礎になつて居る吾々の精神生活の改善をも意味するもので、或点に於ては、生活改善は結局吾々自身の改善と言つても差し支ない」[註14]と論じており、根底となる自身の改善の方法として日常生活の衣、食、住、社交・儀礼の改善が必要と考えていたのである。

衣食住、社交儀礼という日常生活の改善を進めるために考え出されたのが、生活改善を普及させるための組織で、普及活動を展開していく活動団体であった。すなわちこの活動団体が、生活改善同盟会である。

乗杉が、生活改善同盟会を半官半民の活動団体として作ろうと考えた理由は、先と同様の大正9年の講演「生活改善の意義」の中に見出せる。

> 元来此同盟会といふものを組織致して、生活改善の運動を惹起した訳は、最初社会教育の事業を進めて行かうと思ひました当時は既に前年度の中頃であつて、本省の予算関係に於ても別に資金が無いのみならず又一面には昨日来申上げるやうな思想問題を端的に取扱ふといふことは、中々困難のことであり他の方面にもいろいろの反対があつたので実は私が此方向を採つたのであります。固より資金が無かつたのでありますが私共二三の同志と相談をしまして、更に四方を奔走して同志の士を集めました所が非常に社会の同情を得まして、多くの学者有識者、殊に在野の有識者及民間有力者等が非常に同情を寄せられまして、幸に最近に於ては向ふ三ヶ年間に此の事業遂行の為めに必要なる資金の調達が出来たのであります。(略) 抑も社会教育の事業は政府のみに依頼して仕事をすると云ふことでは、到底その成績を挙げる訳にはゆかぬ、どんどん実社会の人の力を借りてやらなければいかぬ。無論半面は政府の助を受けるけれども、(略) 生活改善に関する運動の第一としては民間の力を借りるといふことを最初の計画の一つと致しました。

更に第二段には文部省直轄学校を此目的の為めに使ふと云ふことを思ひ立ちまし
　　て、今春来既に開始をして居るのであります[註15]

　これによれば、生活に対する考え方を取り上げる難しさはあるが、日常的な生活を対象にすることで、少なからず因襲打破への道筋をつけることができると考えていたことがわかる。この日常生活を取り上げる活動を新設の第四課が全国規模で活動を行うには、活動費用と組織作りが必要であるものの、年度の途中で設けられた課であることから予算は少なく、その予算の範囲で如何に活動できるのかと苦慮していたことが読み取れる。あわせて、官のみの活動では社会教育事業では活動成果が十分に得られるとは考えにくく、そのため民間の賛同者による普及活動の展開と運営資金の援助に大きな期待をかけたのである。

　そのため乗杉は、施策として取り上げることになった日常生活改善の普及活動が、その成果にかけられた期待の重さに見合わない経済状況を打開するために、半官半民という形態の生活改善同盟会を選んだものと考えられる。

　一方文部省は、第四課の設置とほぼ同時期の大正8年7月から8月にかけて、食生活の改善、教員家族の副業の奨励、消費節約と、教育従事者に対する訓令を出している。[註16] この内容は、第四課が展開しようとしていた生活改善とよく符合しており、第四課が生活改善事業を展開する機運は整ったといえよう。

(2) 生活改善展覧会と生活改善講習会の開催

　文部省第四課による生活改善の最初の活動は、大正8年11月30日から翌大正9年2月1日まで開催された生活改善展覧会である。展覧会の準備は大正8年6月頃から開始されており、[註17] 第四課が設置とともに準備を開始したことがわかる。この文部省主催の生活改善展覧会は、東京の本郷区（現在の文京区）湯島にあった東京教育博物館で開催されている。東京教育博物館は、第四課設立以前から文部省の通俗教育施設として存在していたが、それまでは東京高等師範学校の直轄で、大正3年から文部省普通学務局の管轄となっている。そして、臨時教育会議の博物館に関する答申6により、大正8年からは学校から離されて第四課の管掌下となっている。[註18] 生活改善展覧会の準備が始まった大正8年の東京教育博物館の館長は、棚橋源太郎であった。棚橋源太郎は、明治28年に東京高等師範学校博物科を卒業し、兵庫・岐阜の師範学校教諭、東京高等師範学校附属小学校訓導、東京高等師範学校教授を経て、大正6年5月30日

に東京教育博物館長となっている。この間、明治42年から2年に亘り、ドイツおよびアメリカに博物館研究のため留学している。[註19] 棚橋源太郎は、東京教育博物館館長在任中に数々の特別展覧会を企画して多くの観客を集め、展覧会時代を築いたことで知られている人物で、[註20] あわせて理科の教育において実験に重きをおいた授業方法を推進した人物としても知られている。[註21] 彼は、大正13年12月に館長を退任している。

東京教育博物館は通俗教育施設の一つであり、人々の学習の場であった。棚橋は、生活改善の普及活動を始めるにあたり、生活改善運動に対して「我々の事業として社会教育の方面から此問題を取扱つて行くには、どうしても第一に展覧会をしなければならぬ」[註22] と考え、生活改善展覧会を計画したのである。なお、東京教育博物館は、大正10年6月に東京博物館、昭和6年2月に東京科学博物館、そして昭和24年6月に国立科学博物館となり、今日に至っている。

①　生活改善展覧会

生活改善展覧会は、文部省主催で大正8年11月30日から58日間、およそ2ヶ月間に亘って東京教育博物館において開催され、入場者数は10万7670名と盛況であった。[註23] 展示物は、「飲食物」、「被服」、「住居」、そして「儀礼・社交・公徳」と、生活を大きく4分野に分けている。この生活を食・衣・住そして社交儀礼などにまとめた区分方法は、乗杉が大正9年6月の社会教育講習会の講演「生活改善の意義」の中で述べた日常的生活の分け方と同じであり、展覧会開催時期は講演よりも先ではあるものの、講演で述べられた考え方がもととなり4分野に区分されていると考える。

博物館での展覧会開催への準備は大正8年6月頃開始されており、第四課の設置が6月であることから、第四課は設置されるとすぐに生活改善を取り上げ、博物館に依頼したと考えられる。このことから、乗杉は第四課設置以前の主任官であった時から生活改善を最初の施策として計画していたと推測する。

展覧会の展示物は、東京教育博物館での一時の展示に留まらず、その後には巡回展となり、大阪を始めとし、名古屋、岡山、広島、松山、高松、福岡、熊本、長崎と約1年間に亘り各地で開催されていく。[註24]

② 生活改善講習会

　第四課は生活改善展覧会を開催する一方で、展覧会開催期間中に、全国で社会教育の任に携わっている人々を対象とした講習会を開催している。それは文部省主催の第一回社会教育講習会で、この一回目の講習会は生活改善講習会で、大正9年1月26日から1週間に亘り東京の女子高等師範学校で開催されている。[註25]

　生活改善講習会開催の目的は、生活改善展覧会の主旨内容を宣伝・周知させるためであり、講習会開催に先立ち、南文部次官は開会の式辞の中で生活改善の急務を呼びかけている。[註26] このように全国から受講者を集めて講習会を開催することは、全国に文部省が生活改善に着手し力を注いでいくという活動主旨を知らせるためであり、生活改善の速やかなる普及を望んでいたことをよく表している。

　南文部次官の式辞の後、11題目からなる講習会の講演が始まり、その講演内容は、衣食住、家庭経済、副業と内職、そして風俗に関する内容の講演で10講演、そしてもう1講演は棚橋源太郎による生活改善の重要性を述べた「生活改善の第一義」である。[註27] 生活改善展覧会の開催とあわせて催された生活改善講習会は、第四課の生活改善事業の一連の計画によるものであるが、展覧会開催場所と講習会の講演から展覧会と講習会を開催へと、準備ならびに運営を担ったのは棚橋源太郎であったと推察する。

3．生活改善同盟会の設立

1）生活改善同盟会設立の呼びかけ

　第四課課長乗杉による生活改善を普及させる初期活動は、生活改善展覧会ならびに生活改善講習会の開催とともに、活動団体の設立へと展開していく。実運営を担う活動団体「生活改善同盟会」を作るため、乗杉と東京教育博物館館長であった棚橋の二人は、協力者を求める呼びかけを始める。大正8年12月2日に同志を集める目的の書状を送っている。これが現在わかる最初の設立準備活動で、その書状には、次の文面がみられる。

> （略）今般、東京教育博物館に於て、生活改善展覧会開催相成、多少世人の注意を喚起致し候を機会として、一層広く其思想を宣伝普及し、其実行の機運を作振する為め、生活改善同盟会の如きものを創立致し度存候に就ては、右に関し、至急、御協議願上度候間、（略）[註28]

この文面から、生活改善の考え方を広く宣伝普及し、実行の機運を作ることを目的に、生活改善同盟会という団体を設立しようとしていることがわかる。また、書状を発送した12月2日は、生活改善展覧会を開催して第3日目にあたることから、同展覧会開催以前に既に生活改善同盟会の設立の呼びかけや準備が行われていたと考えられる。この点は、仮称であるものの既に「生活改善同盟会」という名称が用いられていることからもうかがえる。なお、書状の発送数や送付先、差出人の名前といった詳細は不明である。

2）生活改善同盟会設立の呼びかけに応じた人々

　乗杉・棚橋が発した書状での呼びかけにより、大正8年12月23日に東京教育博物館において、生活改善同盟会設立に関する協議会が開かれている。協議会の参加者は、文部省の玉井廣平と渋谷徳三郎、内務省田子一民、横浜高等工業学校水野常吉、三輪田高等女学校三輪田元道、東京府立第一高等女学校市川源三、実践女学校下田歌子、女子商業学校嘉悦孝子、山脇高等女学校山脇房子、東京女子大学安井哲子、日本女子大学校井上秀子、子爵夫人・愛国婦人会本野久子、仏教婦人青年会山中見道、所属不明の小柴博と泉道雄、そして、東京教育博物館森金次郎、青地忠三、そして東京教育博物館長棚橋源太郎の18名の諸氏であった。[注29]（表1「生活改善同盟会設立の協議会・設立発起人会出席者および生活改善展覧会出品状況」で「協議会」の欄に〇印を附している。）

　文部省からは玉井、渋谷の2名、東京教育博物館からは棚橋、森、青地の3名、内務省から田子、以上6名が官吏である。8名は学校教育に携わる教育者であり、横浜高等工業学校水野のほか7名は女子教育に携わる三輪田高等女学校の三輪田、東京府立第一高等女学校市川、実践女学校下田、女子商業学校嘉悦、山脇高等女学校山脇、東京女子大学安井、日本女子大学校井上である。

　この協議会の参加者のうち、所属の明らかな者をみると、官吏と学校教育関係者であり、特に女子教育関係者7名中6名が生活改善展覧会の展示物出品にかかわっている。このことから協議会出席の呼びかけは、少なくとも生活改善展覧会出品者には届いていたと考えられる。

　協議会の目的は、当然のことながら生活改善同盟会設立であった。そして、乗杉・棚橋の設立の呼びかけは、協議会という公の場所で承認され、設立は発起人会開催へと具体化していくことになる。

表1 生活改善同盟会設立の協議会・設立発起人会出席者および
生活改善展覧会出品状況

		出席者氏名	所属および役職等	協議会	発起人会	展覧会出品状況	同盟会役職
官史	博物館	棚橋源太郎	東京教育博物館館長	○			幹事
		森　金次郎	東京教育博物館学芸員主事	○			会員
		青地忠三	東京教育博物館主事嘱託	○			会員
	文部省	乗杉嘉寿	文部省事務次官		○		幹事
		玉井廣平	普通学務局属	○			会員
		渋谷徳三郎	役職不明	○			会員
	他	田子一民	内務省書記官	○			（調査委員）
一般		片山国嘉	東京帝国大学医科大学教授		○		評議員
		水野常吉	横浜高等工業学校教授	○			会員
教員	女子教育	三輪田元道	三輪田高等女学校校長	○	○	△	幹事
		市川源三	東京府立第一高等女学校校長	○		△	幹事
		下田歌子	実践女学校校長	○	○	△	評議員
		嘉悦孝子	女子商業学校校長	○	○	◇	幹事
		山脇房子	山脇高等女学校校長	○		△	評議員
		安井哲子	東京女子大学学監	○		△	会員
		井上秀子	日本女子大学校教授家政学部長	○		△	幹事
		吉岡弥生	東京女子医学専門学校校長		○		幹事
その他		本野久子	子爵夫人　愛国婦人会	○	○	◇	評議員
		山中見道	仏教婦人青年会代表	○			幹事
		根本　正	衆議院議員　日本禁酒会（発起人会議長）		○		
		高島米峰	鶴声堂書店主人		○		評議員
		成瀬隆蔵	三井家同族会事務局教育課長三井一族代表		○		会員
		天野多喜子	天野為之法学博士夫人　岩崎小弥太氏代理		○		会員
		田村喜代子	不明　岩崎小弥太氏代理		○		会員
		田村松枝子	不明　岩崎小弥太氏代理		○		会員
不明		小柴　博	不明	○			幹事
		泉　道雄	不明	○			
		計		18名	13名	8名	

◇：案作成　　△：所属機関の出品
文部省・内務省・東京教育博物館に所属する場合は出品欄に記入せず。

　協議会での設立の承認を受けて、2日後の大正8年12月25日に東京教育博物館で設立発起人会が開かれ、その席で生活改善同盟会の規約が議決され

ている。発起人会参加者は協議会の時よりも多い28名で、全員の氏名についてはわからない。そのうち13名は氏名がわかっている。

　氏名がわかる発起人会出席者は、東京帝国大学医科大学片山国嘉、三輪田高等女学校三輪田元道、実践女学校下田歌子、女子商業学校嘉悦孝子、東京女子医学専門学校吉岡弥生、愛国婦人会・子爵夫人本野久子、衆議院議員の根本正、鶴声堂書店高島米峰、三井家一族代表成瀬隆蔵、岩崎小弥太代理天野多喜子、同じく岩崎小弥太代理田村喜代子と田村松枝子、そして文部省の乗杉嘉寿、以上13名の諸氏である。[註30]（表1「生活改善同盟会設立の協議会・設立発起人会出席者および生活改善展覧会出品状況」の「発起人会」の欄に○印を附した諸氏である。）

　この発起人会出席者は、女子教育者だけでなく婦人会の代表者、三井・岩崎といった実業家の代理や一族の代表者と、幅広い所属の人々が集まっている。

　発起人会の後、大正9年1月10日には会員勧誘のための委員会、1月13日には発会式準備会を開いていく。そして、1月15日までには、公爵伊藤博邦を始め、内務次官、女子教育者などにも広く発起人を依頼し、発起人として名前を連ねた人々は百余名にも及んだという。[註31]

　設立に関する協議会および設立発起人会の会場には乗杉が課長を務める第四課の管轄施設である東京教育博物館が使用されている。博物館館長棚橋源太郎は、書状の発送者の一人であり、協議会出席も確認できること、あわせて後に設立活動について「専ら其衝に当つて色々画策を致しました人は其当時の博物館長でございました棚橋源太郎氏でありました」[註32]という回顧談もあり、設立活動に主に従事した人物であった。彼は単に博物館の管轄部署である第四課の指示を受けた仕事として生活改善普及活動に尽力したのではなかった。棚橋は東京教育博物館で生活改善展覧会以前に開催した展覧会の中で生活を扱った展示を行っており、生活に寄せる関心が大きく、生活改善に関する講演や執筆も多い。また、海外での生活経験を基にした視点を持ち、科学の実験装置と台所道具や設備に似通った点を見出し、台所改善協会（昭和4年）を創るなど、台所改善の普及活動にも携わっており、生活改善の重要性と必要性を強く認識していた。

3）発会式と会長の選出

　生活改善同盟会の発会式は、大正9年1月25日にお茶の水にある女子高等

師範学校講堂で開催された。式には、内閣総理大臣原敬、内務大臣床次竹次郎、文部大臣中橋徳五郎の3大臣より祝辞が寄せられている。その中で原は、生活改善の活動の意義を第一次世界大戦後の好景気を背景とした国民生活の簡易と充実を促進するためと述べ、床次は、朝野の識者による組織は、家庭ならびに社会道徳・共済・衛生等各方面に亘る研究・実践・宣伝をし、民力の涵養、国力の充実を図るという生活改善同盟会の活動方針を取り上げて称え、中橋は、生活改善の気運が高まる時期に広範囲の人々の手による論理より実行の組織が設立されることは好計画であると評している。このように3大臣は、社会教育の一環としての生活改善運動を担う半官半民の団体として、社会の気運を反映した活動団体として捉えていたことがわかる。[註33]

発会式の参加者は約1000名で、規約の承認と会長選出が行われている。生活改善同盟会の会長に選出されたのは、公爵伊藤博邦である。[註34]

伊藤博邦は、井上馨の甥として生まれ、伊藤博文の養嗣子となり、宮内省の式部職にいた。「伊藤公爵が地位も名門もあり、生活改善には中々趣味も御持ちになつて居る」[註35]ことから、会長候補に伊藤があげられた。そこで棚橋は「生活改善同盟創立当時会長の人選が問題に上がつたとき、公爵は生活改善主張者の一人であること、時事新報の新年号などに年末年始の虚礼廃止に就いての、公爵の御意見が紹介されていることを承知」[註36]しており、宮内省式部職の伊藤に懇願し、会長就任の内諾を貰ってきている。このように生活改善への理解と社会的地位や認知度といった点から、団体の顔となる会長のポストには伊藤博邦が適任者であると考えていたのである。

4）まとめ

臨時教育会議の答申を受けて文部省が通俗教育専任の事務官をおき、その担当を乗杉に命じた時から、生活改善同盟会の発会式までの9ヶ月間を、ここで改めて振り返ってみる。

文部省では大正8年4月24日に乗杉嘉寿を社会教育専任の事務官に任命し、2ヶ月経たないうちに第四課を新設している。課設置とともに第四課の下に入った東京教育博物館では直に生活改善展覧会の開催を決め、展覧会への出品依頼を行い、同年11月30日に生活改善展覧会を開催している。続いて、展覧会開催2日後の12月2日に生活改善同盟会設立のための書状を発送、12月23

表2　生活改善同盟会設立まで

年　月　日	事　　項	出　　典
大正8年4月24日	勅令第146号文部省官制中改正（社会教育担当の専任事務官の配置が決まる）	・『官報』第2015号
4月24日	文部省事務官に乗杉嘉寿を任ず	・『官報』第2016号
4月26日	乗杉嘉寿に普通学務局勤務を命ず	・『官報』第2017号
6月11日	文部省分課規程中改正につき普通学務局に第四課設置	・『官報』第2055号
6月18日	普通学務局第四課長に乗杉嘉寿を命ず	・『官報』第2061号
11月30日	生活改善展覧会始まる（東京教育博物館にて）	・『日本帝国文部省年報第47年報』
12月2日	生活改善同盟会設立に関する書状の発送	・『生活改善』第1号
12月23日	生活改善同盟会設立に関する協議会開催（東京博物館にて）	・東京朝日新聞　大正8年12月26日
12月25日	設立発起人会	・東京朝日新聞　大正8年12月26日
大正9年1月10日	会員勧誘の委員会	・『生活改善』第1号
1月13日	発会式準備会	・『生活改善』第1号
1月24日	入会勧誘および宣伝ビラ配布（2万枚）	・東京朝日新聞　大正9年1月25日
1月25日	生活改善同盟会発会式（東京の女子高等師範学校講堂）	・東京朝日新聞　大正9年1月25日
1月26日	生活改善講習会始まる	・東京朝日新聞　大正9年1月15日
2月1日	生活改善展覧会終わる（10万7670人入場）	・『日本帝国文部省年報第47年報』

　日に生活改善展覧会の会場となっている東京教育博物館内で生活改善同盟会設立に関する協議会を開催し、その2日後に設立のための発起人会を開催、翌年の1月13日に発会式準備会そして、1月25日にお茶の水にある女子高等師範学校講堂で生活改善同盟会の発会式を行っている。さらに翌26日からは、同じく女子高等師範学校で1週間に亘る第1回社会教育講習会としての生活改善講習会を開催している。この講習会開催期間中である2月1日に生活改善展覧会は幕を閉じるのである。以上をまとめたのが表2「生活改善同盟会設立まで」である。
　第四課の管掌下に東京教育博物館が入る管掌改正日の6月11日から展覧会開催日の11月30日までの5ヶ月半の間に、生活改善展覧会を企画し、展示物の出展依頼や開催の通知、出展者側の展示物作成期間を考えあわせると、企画し準備する期間として十分な期間とは言い難いものがある。

生活改善展覧会の開催期間と重ねて開かれた生活改善講習会に対しても、計画から始まり、講師依頼、受講対象者への開催通知というように準備が必要であり、これら2つの事業は並行して進められたことになる。

　生活改善展覧会と生活改善講習会の2つの事業を進める一方、生活改善同盟会の設立準備、そして発会式も同時に行われた。これは、文部省主催の2つの事業との連繋効果を狙ったものであり、新聞雑誌の報道を通して、より多くの市井の人々を喚起し、社会的機運の創出を図った策であったと考える。

　このような短い期間での事業の準備、実行に、普通学務局第四課とその管掌下となった東京教育博物館の意気込みが感じ取れる。専任の事務官であり第四課課長となった乗杉嘉寿の生活改善運動着手の早さと企画力、これに博物館館長棚橋源太郎の実務的な働きが合わさることで、3事業の急速な展開が可能になったものと考える。

4．生活改善同盟会の活動目的

1）会規約ならびに寄附行為

　内閣総理大臣、内務大臣、文部大臣の三大臣からの祝辞を受けて大正9年1月に誕生した生活改善同盟会は、2年半後の大正11年8月に文部省より財団法人の認可を受け、10月に財団法人となり、昭和8年まで活動を続けていく。この間、生活改善同盟会の活動は会規約に基づき、そして財団法人となってからは会の寄附行為に基づき組織的に行われていた。寄附行為とは、財団法人における組織運営の根本的な規則である。

　生活改善同盟会の会規約は、第1条会の名称ならびに本部・支部の設置から始まり、15条に及んでいる。これによると、本部を東京に、支部を地方におくこと、会

表3　生活改善同盟会「本会規約」[註37]に示された内容（大正9年12月）

第1条	名称ならびに本部・支部の設置
第2条	設立の目的
第3条	会員実行項目
第4条	調査機関の設置および事業内容
第5条	入会の手続き
第6条	総会および役員選挙
第7条	役職名とその人数
第8条	役員の決定方法
第9条	会長・幹事の職務
第10条	評議員の職務
第11条	維持費
第12条	会員の会費
第13条	賛助員制度
第14条	支部規約
第15条	本部事務所所在地

表4　生活改善同盟会寄附行為の概要 （大正14年）[註40]

第1章　目的及事業	第17条　監事の決定方法
第1条　設立の目的	第18条　役職者の任期
第2条　事業内容	第19条　評議員の決定方法
第2章　名称及事務所	第5章　会員
第3条　会の名称	第20条　会員の種類とその会費
第4条　事務所所在地	第6章　会議
第5条　支部と支部長の設置	第21条　会議の種類
第3章　資産	第22条　総会の開催方法とその決議事項
第6条　資産の種別	
第7条　設立当初の資産	第23条　評議員会の開催方法とその決議事項
第8条　基本資産とその目標	
第9条　会運営費	第24条　理事会の開催方法とその決定事項
第10条　資産管理	
第11条　会計年度	第7章　寄附行為変更及解散
第12条　評議員会による予算運営	第25条　寄附行為の変更方法
第4章　役員	第26条　会解散の方法と残務整理方法
第13条　総裁の推戴とその職務	附則
第14条　役職名とその人数	第27条　細則の設置方法
第15条　会長、副会長、顧問の決定方法	第28条　財団法人化にともなう賛助員、維持会員及普通会員の権利と義務の継続
第16条　賛助員、特別維持会員、維持会員、理事長、常務理事、理事の決定方法とその職務	

の目的とそれを達成するための会員の実行項目、事業内容として調査機関の設置、講演会・展覧会の開催、雑誌や単行本などの印刷物の出版、年1回の総会の開催、会長、役員、評議員の選出方法と任期、賛助員制度、会員の会費や寄附について、支部の規約、そして、本部事務所所在地を記した第15条までの15の条目から構成されている。（表3生活改善同盟会「本会規約」に示された内容）

設立の目的を、第2条に「会員相互ノ協力ニ依リテ我国民生活ノ改善向上ヲ期スルニアリ」[註38]と掲げ、会員が協力した活動で国民全体の改善へと導くと記している。

生活改善同盟会は大正11年（1922年）10月に財団法人組織となり、[註39]これに伴い生活改善同盟会「本会規約」は「生活改善同盟会寄附行為」に変わる。

現在、財団法人生活改善同盟会寄附行為の全条文がわかるのは大正14年のもので、寄附行為の条文は、第1章「目的及事業」から始まり第7章「寄附行為変更及解散」までの7章があり、組織や事業内容など運営に関する内容ごと

に分類し章を立てている。7つの章の条文は全部で26条あり、これに附則2条を加えて28条から構成されている。(表4「生活改善同盟会寄附行為の概要」)

設立の目的は、第1条に「本会は社会民衆を教育し国民生活の改善向上を期するを以て目的とす」[註41]と掲げている。

なお、第13条には総裁を推戴するとあるが、総裁をおいたとする記事は生活改善同盟会の出版物の中にみられない。棚橋は総裁について「生活改善同盟会と澁澤子爵との関係」という回顧談の中で、「生活改善同盟会が特に子爵を顧問に推戴した理由の他の一は、会に総裁を置いて、どなたか宮様を奉戴したいといふ考であつた。子爵に此事を御相談すると大変賛成されて、星野副会長と私とを同道して子爵御自身宮内省に伊藤主馬頭(本会々長公爵)を訪問し、それから牧野宮内大臣に面会し、宮様奉戴の一条を相談し、子爵は熱心に宮内大臣を説かれたが、何分会にはまだ基金も十分ならず、基礎も鞏固とはいひ兼ねたので、今暫く時機を見計らつて、斯る問題に最も御趣味を持たるゝ宮様を考へて置かうといふことになり、且つ当時宗秩寮総裁であつた徳川頼倫侯をも訪問して、同様の希望を述べて退去したことがあつた。」[註42]と記述していることから、宮内省へ依頼はしたものの、総裁は決まらなかったものと推測でき、条文を作成したものの実際には総裁がおかれることはなかったと推測する。

2)「会員相互の協力」から「社会民衆を教育」する活動組織へ

棚橋によれば当初「生活改善同盟会」と名付けた理由は、具体的改善条目を全て必ず実行する同盟者の団体という強制力を伴う組織という意味からであり、入会者は改善条目全ての実行を義務としていた。[註43]

一方、会の運営にあたっては、「本会規約」第11条には「本会ノ維持費ハ会費及有志者ノ寄附金ヲ以テ之ヲ支弁ス」とあり、全体的に民間資金で運営を行う組織であると明記されている。生活改善同盟会では、会を運営していく上での運営資金を必要としていた。[註44]そこで資金集めのため、生活改善に関心を持ち既に社会事業に携わっている実業家渋沢栄一に協力を求めた。[註45]これが前項で渋沢を顧問に迎えた理由の一つである。棚橋の回想によると、大正9年初め渋沢は実行条目の主旨には賛同したものの、生活改善同盟会会員の入会条件である全条目実行の難しさを指摘、これを受けて全条目実行の義務について再検討を行っている。その結果、会員数の拡大と資金援助の獲得のために、改善の

主旨に賛同し入会した会員は改善条目をできるところから実行していくという、会員自身に改善活動の実行を任せ、緩和を計っている。[註46]このことから、生活改善同盟会の目的である生活の改善という理念は変わらないものの、生活改善の普及と生活改善同盟会運営資金収集という点から、生活改善同盟会と会名を決めた時点での極めて理想的な考え方から、婦人から実業家までと広範囲に亘る人々に受け入れられる現実的な実践団体へと活動内容を変えざるを得なかったのである。

このような変更、即ち各会員ができるところから改善を始めるという志は、会規約の第3条によく表れている。第3条会員の実行項目では「本会々員ハ前条ノ目的ヲ達成センカタメ衣食住社交儀礼等ノ改善ニ心掛クルハ勿論、先ツ以テ着手シ易キ左記事項ノ実行ニ努力スルモノトス」[註47]とあり、以下具体的改善条目をあげて、改善条目を心がけるということはいうまでもなく、できる条目から会員各自が実生活を改善するように努力することとしていた。

以上のような会員が実行すべき改善条目は、その後の大正14年の28条からなる寄附行為の条文に盛り込まれていない。寄附行為第1条に掲げられた会の目的は、「本会は社会民衆を教育し国民生活の改善向上を期する」ことであり、先の会規約第2条の目的と比べると「国民生活の改善向上」を目指すことは同じである。しかし、大正9年の生活改善同盟会設立時の会員が各自でできるところから改善を行い「会員相互ノ協力」から始めるという、いわば同志の集まりを謳った団体から、法人組織になると「国民生活の改善向上」を目的とし「社会民衆を教育」する機関へと、会の目的は変容していくのである。

3）事務所所在地

生活改善同盟会の活動拠点である本部事務所は、設立活動の中心となった東京教育博物館の中に当分の間おくと会規約にあり、関東大震災で罹災するまでこの博物館の中に本部事務所をおいていた。会の運営で中心的に動いている棚橋源太郎が博物館の館長であったこと、博物館が社会教育の一機関で、第四課管掌下であることから、当然の成り行きと思われる。

本部事務所がおかれていた湯島の東京教育博物館は、大正10年6月に改称し東京博物館となる。東京博物館は、大正12年9月の関東大震災に見舞われ焼失し、[註48]博物館と文部省の仮事務所が東京小石川区にある高等師範学校内に設けら

れると、一時的だが生活改善同盟会の本部もこの中に移されている。翌大正13年12月4日になると、生活改善同盟会の事務所を麴町元衛町に移った文部省内に置いている。[註49] この後は博物館に戻ることなく、文部省内となる。昭和8年7月28日には、文部省の庁舎が麴町区三年町1番地の新庁舎に移転することとなり、これに伴って生活改善同盟会事務所も一緒にこの新庁舎内に設けられる。[註50]

4) 英文名とシンボルマークとしての徽章と門標

　生活改善同盟会は、会員であることを徽章や門標で示そうとしていた。

　大正8年12月25日の設立発起人会で、生活改善同盟会の規約を議決していることは既に述べた。この発起人会開催を知らせる新聞記事のタイトルには「生活改善実行のビー・エル組合成る」[註51] とあることから、発起人会開催に向けて会の英文名も決めていたと思われる。この頭文字B・Lは、生活改善同盟会の英文名に相当し、この記事によるとベターライフ ユニオンである。頭文字のビー・エルは、注目を引くために紙上で用いられただけではなかった。このビー・エル(B・L)の文字をデザインした徽章の作成も決められたようで、先の記事に「会員は生活改善同盟会(ベターライフユニオン)の頭文字(かしらじ)ビー・エルを意匠した徽章(メール)を佩用(はいよう)する事」とあり、事実、会規約第5条に会員は徽章を佩用することと定めている。[註52] 発会当初の徽章のデザインは今のところ不明である。写真1は幹事会の際に撮影された集合写真で、男性の左襟に白い小さな徽章と思しきものが認められる。設立当時の徽章とデザインが同じか不明であるが、昭和6年の機関誌掲載の徽章会社の広告から、生活改善同盟会のものと考えられる徽章には中央に「B・L」の文字があり、その周囲に「生活改善」の4文字がおぼろげながら確認できる。[註53]

　徽章の他にもこのビー・エル(B・L)の文字をデザインしたロゴマークといえるものがある。それは、生活改善同盟会が出した単行本の裏表紙に用いられる場合があり、図5は、大正13年出版の単行本『生活改善の栞』の表と裏の表紙および裏表紙に印刷されたマーク部分（拡大）である。リーフに囲まれた中央のB・Lの文字がある菱形部分は、徽章の中央部分と大変に似ている。

写真1　幹事会の際に撮影された集合写真[註54]

図4　徽章

(『生活改善』第1号　大正10年4月)
昭和女子大学図書館蔵

図4は生活改善同盟会の徽章と思われる。形は円形で、中央の菱形にB・Lの文字が入り、その上下に生活、左右に改善の文字が入っている。(『生活改善』第7巻10月号　昭和6年)

図5　単行本『生活改善の栞』の表表紙(左)と裏表紙(右)

裏表紙のマーク(拡大)

図6　門標
(『生活改善』第3号
大正11年1月)
昭和女子大学図書館蔵

生活改善同盟会では、もう1点、シンボルマークとして門標を作成し、実費販売をしていた。（図6）この門標は、東京美術学校講師の齋藤佳三が意匠考案しており、デザインを担当した齋藤の説明文を紹介する。

　　門標図案の談
　　　生活改善同盟会門標図案は意匠の方面から見て必しも、之か最上のものとは思つて居りませんが、門標として、日本建築及び西洋建築の両方面に調和し、適合する様式を選んだのであります。そして現に見る火災保険や、電気会社や、在郷軍人会や宗教団体や、色々の組合講社のマークと画然区別が出来て、しかも本会の主旨を心の底より賛成して居るものゝ住居であると云ふ標とせねばならないから、単なる門標マークと異にして、生活の喜びを象徴せねばならぬと考へた。固より小さな門標の如きものに或意味の象徴を表はさう等は甚云ひ過ぎたことであるけれども。単純な白の上に穏かな平和の意味を齎して居る緑色を以て色着け、進歩的な直線を以て精神をインフアテックしたので、周りの浪形は其の心のバイブレーション即震動伝波して、此の運動の普及を考へたつもりですが、到底厳粛な芸術的表現等と思はれては困るのでございます。只意匠の発動が其所にあつただけと云ふに止まつて居ります。（齋藤美術学校講師談）[註55]

　徽章とともに門標の実物に出会うことは難しいため、紙上の図をみる以外ないのだが、ブリキ台に着色したセルロイド製のものを重ねた中央に「生活改善同盟会員」と黒文字で表記し周囲を緑の波や直線で囲ったシンプルなデザインであった。[註56]製作された時期については、先の徽章は生活改善同盟会の設立活動中に決められていたのに対して、門標はデザインを担当した齋藤の記事が掲載されている大正11年1月発行の機関誌『生活改善』第3号までは、紙面にみられないこと、あわせて門標の宣伝文に「全国各地会員諸君から熱心なる御希望に依り今回本会会員の門標を制定作製致しました」[註57]とあることから、大正10年中に門標が作成されたと考えられる。

5．事業展開

1）事業内容の範囲

　生活改善同盟会が行う事業として、大正9年の会規約に第4条「本会ハ其ノ目的遂行ノ為メ必要ナル調査機関ヲ設ケ講演会展覧会等ヲ開催シ雑誌図書其他ノ印刷物ヲ発行ス」[註58]とあるように、調査機関の設置、講演会・展覧会などの

開催、雑誌・図書など印刷物の発行の、大別して3つの部門の事業をあげている。

　これが、大正14年に財団法人になると、寄附行為第2条「本会は其の目的遂行の為め左の事業を行ふ」には、事業として、

　　　1．衣食住社交儀礼等の改善に関する調査

　　　2．生活改善の実物宣伝及実行の促進

　　　3．講演会 講習会 展覧会等の開催

　　　4．会誌並に調査報告等の発刊

　　　5．其他生活改善上必要なる事項

の5点をあげている。[註59]

　先の会規約に掲げられた調査機関の設置、講演会・展覧会などの開催、雑誌・図書など印刷物の発行という3分野の事業は、それぞれ寄附行為第2条第1項目「衣食住社交儀礼等の改善に関する調査」、第3項目「講演会 講習会 展覧会等の開催」、第4項目「会誌並に調査報告等の発刊」の3項目となり、第2項目に「生活改善の実物宣伝及実行の促進」が新たに加えられた。最後の第5項目の「其他生活改善上必要なる事項」は、先の4項目に掲げた業務枠に縛られることなく生活改善に関する活動を可能にするという、活動の幅を広げることができるように配慮した項目である。

2) 7つの部の開設

　生活改善同盟会では、先に述べた3分野あるいはその後の5分野の事業内容を遂行するため、部を設置していく。

　事業活動を組織的に行うために大正10年10月に事務進行について検討を行い、3部制を導入し、あわせて役員事務分掌を定めている。[註60] その3部というのは、調査部、事業部、経理部である。その後昭和2年5月18日の理事会で理事事業分担の件が決議され、事業部の事業内容も分化させる形で先行の3部に、拡張部、出版部を加えている。さらに昭和6年1月には紹介部を新設している。そして活動実態はみえないものの、相談部という部を設けていた。

　以上、調査部、事業部、経理部、拡張部、出版部、紹介部、そして相談部の7つの部を開設し、事業を展開していた。7つの分部の開設時期および事業内容について紹介する。

(1) 調査部

　調査部は、改善事項の調査発表などを担当する部門として、大正10年10月に開設される。生活改善同盟会の設立活動と並行して開催された文部省主催第1回生活改善講習会で棚橋源太郎は、生活改善同盟会の活動について、改善項目およびその方法について検討する調査委員会を設けたと述べている。[註61]

　そして、大正10年4月の機関誌『生活改善』第1号は住宅改善調査委員会、服装改善調査委員会、社交儀礼改善調査委員会の委員氏名や活動について掲載している。これは大正10年10月の調査部設置以前であることから、改善調査委員会の活動を先行させ、後から管轄部署である調査部を設けたこととなる。このように生活改善同盟会の事業として、会規約第4条に掲げた調査機関による改善項目の検討を行い、生活改善の具体的方針を打ち出すことは、生活改善同盟会の活動目的の中でも重要かつ最優先の事項であった。

　生活改善同盟会が設立された当初は、賛同者を集め組織を広げることとあわせて、生活を改善するための方向を決めるため、生活を衣食住そして社交儀礼の4分野に分け、それぞれの分野で改善の方針や改善方法の検討を始めている。

　設けられた改善調査委員会には、住宅改善調査委員会、服装改善調査委員会、社交儀礼改善調査委員会、食事の改善調査委員会、農村生活改善調査委員会があり、それぞれ委嘱された委員によって運営されている。[註62]

①　4つの改善調査委員会の設置時期と活動

　住宅改善調査委員会と服装改善調査委員会は、大正10年4月の機関誌『生活改善』第1号に「服装住宅両調査委員会発会の挨拶」と題した伊藤会長の挨拶文が掲載されており、同時に設けられた改善調査委員会であることがわかる。しかし、設置日は不明である。

　住宅改善調査委員会の設置時期を推測すると、第一回委員会開催日が大正9年4月19日であることから、これ以前に設置されたわけで、大正9年1月25日の生活改善同盟会発会後のまもなくと考えられる。なお委員会活動として、大正12年11月12日に家具の改善に関する委員会が開かれているが、これ以降委員会活動は確認できない。この委員会の主な調査項目は、住宅の間取、共同住宅、田園都市および郊外住宅、庭園、家具であった。委員活動の成果は、同大正9年8月椅子式への改善から始まる六大綱領をあげた「住宅改善の方針」の発表から始まり、大正13年4月に出版された『住宅家具の改善』発表まで

である。『住宅家具の改善』という著書は、住宅の家具のみに関する著書ではなく、住宅と住宅で用いる家具の両方について書いており、「住宅家具」とは「住宅と家具」という意味で、戸建て住宅の構造、間取、設備、庭、共同住宅の特徴や郊外住宅地の選定、ならびに住宅内で用いる家具について提案している。

住宅改善調査委員会と同時に設置された服装改善調査委員会は、大正9年8月に洋服の奨励から始まる「服装改善の方針」を発表している。委員会の開催については、大正12年7月17日に服装改善調査委員会内に設けられた服装改善特別委員会が開かれ、[註63]委員会の活動の成果は、大正13年2月に出版された単行本『生活改善の栞』にまとめられ衛生的で動きやすく、経済的な服装、布地の材質や布幅にいたるまで具体的に提案している。

社交儀礼改善調査委員会は、大正10年1月に『社交儀礼に関する改善事項』という印刷物を出していることから、遅くとも大正10年1月以前には設置されていたと考えられる。委員会活動としては、大正12年7月18日に社交儀礼食事調査委員会を開催しているが、この後はみられない。委員会活動の成果は、先の大正10年1月に『社交儀礼に関する改善事項』で第1段階の調査結果をまとめ、その後服装改善調査委員会と同様に、大正13年に出版された単行本『生活改善の栞』に結婚・葬儀・宴会・贈答・訪問接客送迎、公衆作法、外国人に対する作法・旅館・暦の統一・迷信打破などについて改善方針ならびに改善方法を発表している。

食事の改善調査委員会は、大正10年4月の機関誌第1号に、食事についても取り上げると記載されているものの、大正11年1月20日発行の機関誌第3号で、住居・服装・社交儀礼の各改善調査委員会は確認できるが、食事の改善調査委員会についての記載はない。しかし、大正11年6月には食事の改善事項を検討していることから、大正11年の1月から6月の検討会までの間に食事の改善調査委員会は設けられたと考えられる。この委員会の活動成果は、大正13年に出版された単行本『生活改善の栞』にまとめられ衛生、経済、作法に重きをおきながら、食品成分や栄養価値に関する科学的知識の普及およびパン食の奨励などを説いている。

『生活改善の栞』以前の大正12年2月に「調査決定要項」を発表、翌3月に単行本『生活改善調査決定事項』を出版し、この中に、衣、食、住、社交儀礼の各分野の改善方針、ならびに途中段階ではあるが改善方法を発表してい

る。この『生活改善調査決定事項』に出版後に各調査委員会が検討した改善方法を加え、大正13年出版の単行本『生活改善の栞』ならびに『住宅家具の改善』が作成されている。すなわち、大正13年2月出版の『生活改善の栞』ならびに同年4月出版の『住宅家具の改善』の2冊子は、衣、食、住、社交儀礼の各分野の改善調査委員会による全ての活動成果をまとめた調査報告書であり、生活改善同盟会が改善の指針ならびに方法を世間に示した著書といえる。

② もう一つの改善調査委員会の設置時期とその活動

大正12年4月の機関誌『生活改善』№9に、生活改善同盟会理事棚橋は記事「生活改善同盟会新年度の事業」の中で、「尚従来本会に於て調査発表したものは例へば住宅では寧ろ都市住宅の改善と云ふ様であつたが、今後は農村住宅の改良問題の如きも漸を追つて調査着手すること、なりませう」[註64]と大正12年の新年度事業として農村生活を改善の対象にすると述べており、翌大正13年には農村生活改善調査委員会の委員を委嘱している。[註65]

農村生活改善調査委員会では、農村の生活を、住宅、服装、食事、社交儀礼、衛生と5つの分野に分けて活動を行っている。農村生活改善調査委員会の活動は、大正13年11月24日に文部省内の会議室で農村社交儀礼ならびに家屋の改善に関する調査委員会を開催し、[註66]大正13年12月31日発行の機関誌『生活改善』26号に「農村生活改善法」と題した記事を掲載している。[註67]昭和5年11月2日には農村服装改善調査委員会の開催を確認できるが、その後はみられない。そして、昭和6年2月に出版された単行本『農村生活改善指針』には、これまでの活動成果である家屋、社交儀礼、服装、食事、衛生と5つの分野について具体的な改善方法を説いている。

以上、服装改善調査委員会、食事の改善調査委員会、住宅改善調査委員会、社交儀礼の改善調査委員会、農村生活調査委員会の各活動内容は、改善項目を検討し、寄附行為第2条4「会誌並に調査報告等の発刊」に従い、「住宅改善の方針」をはじめ『生活改善の栞』『住宅家具の改善』『農村生活改善指針』は、委員会活動の成果すなわち改善の方法を誌上に発表した冊子である。

このように、生活改善同盟会は大正9年の設立直後から大正11年までに衣、食、住、社交儀礼の各改善調査委員会の活動を開始し、大正13年には都市部と同様に農村について農村生活改善調査委員会の活動を開始している。改善調査委員会の設置状況から、生活改善同盟会は、改善の対象を都市生活から農

村生活をも含めた範囲へと拡充していったことがわかる。[註68] 生活改善同盟会では、生活改善同盟会発行の出版物に各改善調査委員会の活動および改善方針や改善要項などを発表すると共に、これら指標を普及する活動を行っていった。

(2) 事業部

　事業部は、支部の設置、講演会の開催、講師の派遣、機関雑誌の編纂、会員の募集、各種の宣伝、そのほか、他部に属せざる事項を担当する部として、大正10年10月に設置されている。

　事業部は、調査部による生活に関する改善方針や改善方法を、印刷物や機関誌の発行、幹事および理事などの役員による講演会や講習会の開催ならびに出張講演の実施、そのほかによる普及活動を担った部署である。

　事業部の活動の中から、支部の設置、生活改善同盟会主催の講演会や講習会などについて紹介する。機関誌の編纂については、出版部の出版活動として後に取り上げる。

① 支部の設置

　支部の必要性は、設立1年後の機関誌『生活改善』第1号の発会式に関する無題の記事に表れている。

　　　生活改善の帰趨は、実行である事は、今更申す迄は無いが、之は決して容易な事では無い。（略）一人より二人に、二人より三人五人にかくして満天下に遍布さすのが、吾人の当然通過すべき順程でなくてはならぬ、そこで小さい小さい支部の組織こそ之が改善実行の捷径であると思はれる。[註69]

　これによると、生活改善の普及には実行者の小集団を数多く点在させることが良策で、その小集団が支部であると考えていたのである。すなわち支部の目的は、生活改善普及活動の早急なる波及を目指すためであり、各地で設置されることに意味があると考えられる。

　支部をおくことは、会規約第1条ならびに寄附行為第5条に定められるとともに、別途支部規約を定めている。

a）支部・連合支部・分会

　大正9年の会規約では、第1条の支部の設置を決め、第14条「本会支部ニ関スル規約ハ別ニ之ヲ定ム」[註70]と支部規約を定めている。この支部規約の詳細は不明である。

　生活改善同盟会は、大正11年に法人となり寄附行為を定める。この寄附行

為の第5条「本会は各地方に支部を設け支部長を置く　支部に関する規約は理事会の決議を経て別に之を定む」に基づく7条目からなる「本会支部設置規約」を定めている。[註71]「本会支部設置規約」第1条「寄附行為第5条ニ基キ各地方ニ支部及連合支部ヲ設ク」によると、支部には支部と連合支部との2種類があることがわかる。同支部規約の第2条には、

　　支部ハ維持会員三十名以上分会ハ維持会員十名以上ヲ有スル場合之ヲ設置スルコトヲ得

　　道庁府県内ニ相当数ノ支部ヲ有スル場合ハ連合支部ヲ設置スルコトヲ得

　　連合支部長及支部長ハ本会々長之ヲ嘱託ス[註72]

と、維持会員30名以上の場合を支部とし、維持会員10名以上の場合を分会とすること、道府県内に相当数の支部がある場合に連合支部を設置でき、連合支部長と支部長は本部である生活改善同盟会の会長が嘱託すると定めている。具体例をあげると次項で紹介する大正12年4月の愛知県の一の宮分会は、この分会の規定によるものと考えられる。

連合支部の設立は、生活改善同盟会の機関誌に記載がみられないことから、規定は設けたものの実際には連合支部を申し出た道府県がなかったか、或は連合支部を設けるほど道府県内に多数の支部が設けられなかったと推測できる。

b）設立した支部

名称や活動したことがわかる支部は17支部ある。大正9年には香川支部がつくられ、大正10年には北海道の室蘭支部、石川支部、長野県の松本支部、愛知支部、秋田支部、福岡県の門司支部と6支部ができ急激に広がっていく。大正11年に岡山支部、翌12年に鹿児島支部と、生活改善同盟会設立後の4年間で9つの支部ができている。昭和3年には山形県の米沢支部が、次いで京都支部が確認できる。大正末から昭和5年までの間に広島支部がつくられ、そして昭和5年には千葉の銚子支部、新潟支部、高知支部、茨城の龍ケ崎支部と4支部の活動が確認でき、昭和6年に新潟支部とならんで新潟県支部の名称もみられ、昭和期に入ってからも新たな地域に支部がつくられていく。このほか大正11年には、先の支部設置規約に基づき愛知支部において、一の宮市に分会を設けている。このように北海道の室蘭から、秋田、石川、広島そして鹿児島に至る16の地域で支部と1つの分会がつくられ、まさに全国的組織へと拡大していった。（表5「生活改善同盟会支部活動期間」）

表5　生活改善同盟会支部活動期間

支部名 \ 年	大正 9 10 11 12 13 14 15	昭和 2 3 4 5 6 7 8
香川支部	⑨	
石川県支部	③————————————	————————◇
室蘭支部	④————————————	————————◇
松本支部	⑤———————————	————————◇
愛知支部	⑥——————————	————————◇
秋田支部	⑦——————————	————————◇
門司支部	⑩———————	————◇
岡山支部	②———————	————————◇
鹿児島支部	①—————	
広島支部	△—————	
米沢支部		○——◇
京都支部		④————◇
銚子支部		⑥
新潟支部		⑥—◇
新潟県支部		⑦
高知支部		⑥
龍ヶ崎支部		⑥◇
一の宮支部	④—————	————————◇

○：支部として確認できた最初（○の中の数字：月）
△：支部設立の計画
◇：支部として確認できた最後
なお、京都支部は昭和2年4月に同盟会より支部認可の通知が発送されている。
新潟支部と新潟県庁支部は、弔電が並べて掲載されていることから、ここでは別の支部とした。

表6　支部長および支部事務所所在地

支部名	支部長名	支部事務所所在地
香川	不明	不明
石川	大正10年　溝淵進馬（第四高等学校校長）	不明
	〜大正13年　山縣治郎（県知事）	県庁内
	大正13年〜　長谷川久一（県知事）	県庁内、県庁社会課内（昭和6年）
室蘭	大正10年　増戸鶴吉（中学校校長）	大正11年区役所内へ
愛知	大正11・12年　矢田績（東邦電力㈱監査）*	教育会内
門司	大正11年　鷲津要次郎（医師会長兼教育会長）	当分の内　市役所内（電話1番）
	大正13年　藤波重雄	
松本	大正12年　丸山浦次郎	不明
秋田	大正12年　舘岡友次郎	県庁
岡山	大正12年　国富友次郎	当分の内　県庁学務課
鹿児島	大正12年　田中英夫（検事正）	不明
広島	不明	県庁　市社会課内
米沢	不明	不明
京都	不明	昭和3年　当分の内　府庁内
新潟県	不明	県庁社会課内（昭和6年）
新潟	不明	県庁社会課内（昭和6年）
銚子	不明	不明
高知	不明	不明
龍ヶ崎	不明	不明
一の宮	大正11年　土川弥七朗（市会議長）	不明

＊愛知支部は設立当初支部長を置いていない。矢田績の肩書きは大正14年のものである。

大正9年から生活改善同盟会が財団法人に代わる大正11年10月までの間の支部長はその選出ならびに任命方法について支部の該当規約が不明なため説明できないが、法人となってからは「本会支部設置規約」第1条に従い、支部長は生活改善同盟会の会長が嘱託することとなっている。支部関係者の中で選出した人物を、本部である生活改善同盟会の会長が嘱託という形で承認していたものと推測する。これら支部の支部長名あるいは支部所在地が13の支部でわかり、支部長名と支部の事務所所在地をまとめたのが表6「支部長および支部事務所所在地」である。ここから、支部組織の傾向をみることができる。

　支部長には、学校長、県知事、会社監査役、検事正などの役職名がみられ、事務所所在地では、県庁内に事務所をおく場合が6支部あり、府庁内、区役所内、市役所内、それぞれ1支部ずつと、府県市区町村の庁舎内におく事例が多い。かかわった組織からみると県の学務課におく場合や県・市の社会課におく場合、あるいは県の教育会内におく場合があり、役所や教育にかかわる機関が運営を担っていたことがよく表れている。

　設立された支部は、支部事務所設置場所にみられる特徴から、文部省直轄あるいは外郭団体という性格を表しており、生活改善同盟会本部から各地の支部への組織が、中央の内務省・文部省から地方庁へという組織体制と密接な関係にあったことがわかる。[註73]

c）地方との協力体制

　大正9年の生活改善同盟会の会規約では、第1条に基づき地方に支部が設けられ、支部の設置の業務は事業部の活動の一つと位置づけられていたが、財団法人設立後の寄附行為では第1条に設立の目的を掲げ、地方に支部を設置することは5番目の第5条になっている。[註74]

　このように条文の順番から考えると、生活改善同盟会設立時には、地方に支部を設置することは重要な意味を持っていたと考えられる。あわせて、支部の事務所は府県庁や教育会の内に設けられる場合、県庁学務課や市社会課が事務局となる場合があり、県庁や教育会の中に設けられるという特徴もある。このように、各地の公共団体や教育会などの協力を得ながら活動するという組織作りについては、臨時教育会議の答申の第1項と第3項ならびにその答申理由の中に示されている。

　答申第1項では、省庁内に調査会設置を求めているが、その答申理由[註75]には、

通俗教育（社会教育）は学校以外の地方公共団体や教育施設および他省と協力する必要があると述べられ、文部省が通俗教育を展開する上で、他省および地方公共団体や教育会および朝野各方面などの諸団体と連携して活動する必要があった。答申第3項目では、地方団体および教育関連組織等に通俗教育を担当する主任官の設置を求めている。この答申理由[註76]には、地方公共団体にも通俗教育の担当者をおき、文部省の担当官と連携をとらせることが必要であると述べられている。

このように文部省には、社会教育事業を進める上で道府県の地方公共団体や教育会、あるいは諸団体と連携をとることが求められていた。その要望に応える一つの方法として作った半官半民の生活改善同盟会において、東京の本部と各地に作られる支部とを連携させることで、官民両方で中央から地方へという連携の構図を取り入れて、二重構造のネットワーク作りを考えていたことがわかる。

中央官庁から地方公共団体との連携は、社会教育を担当する事務官や部署の設置を求めることで連携ルートを確保していく。一方民間の諸団体との連携は、生活改善同盟会の支部を軸とした展開では十分に応えることができなかったものと思われる。そのため、昭和8年11月に財団法人生活改善同盟会は財団法人生活改善中央会へと改編される。生活改善中央会の寄付行為第2条「全国生活改善諸団体と連合提携に関する事項」[註77]ことからも明白なように、生活改善同盟会による本部・支部の組織作りでは事足りず、統括する中央機関としての機能を担わせるための改編であった。

② 講演会、講習会

生活改善同盟会は、講演会を主催している。生活改善同盟会主催の講演会として、第1回「生活改善講演会」が大正10年11月に開催され、次いで翌大正11年には2月と4月に開催されている。[註78] 同年11月には文部省主催の「消費経済展覧会」の開催中に、展覧会の趣旨に賛同して消費経済に関する講演会を開催している。[註79] 昭和4年11月には教化動員生活改善講演会を開催する。以上の講演会名は、生活を総合的に取り上げたものとなっている。

講習会開催については、昭和5年から8年の間に集中して確認できる。明らかになっている講習会は、洗濯や染色など日常生活の個々の問題を取り上げている。具体的には昭和5年7月「家庭生活改善講習会並研究会」、同年11月・

12月「整容講習会」、[註80] 同年12月「洗濯講習会」、昭和6年1月「手縫ひでできる児童服」の講習会、同年3月「家庭染色の講習会」、昭和7年4月料理の講習会、昭和8年2月・3月「単位式献立料理講習会」、同年5月「染色講習会」を開催している。これら講習会の講演内容は、専門家に依頼していた部分を家庭で自ら実施できるようにと、具体的な方法の教授が主である。なお、昭和5年の「整容講習会」の内容はわからないものの、講習会の様子として掲載された写真では、和装の女性が後ろ向きに立っており、その女性の振袖の端をもう一人の座った女性が整えているという一場面であることから、身だしなみに関する方法を教えたものと推測する。

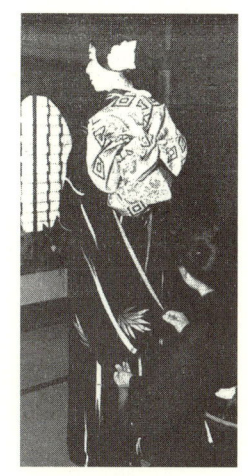

写真2
整容講習会の写真
(『生活』第7巻1月号)

　生活改善同盟会が主催する講演のほか、他機関の主催で生活改善同盟会の幹事などが講師となって講演する場合があり、大正12年2月発行の機関誌に「講師出張講演」と題して活動状況が報告されている。その報告では、「生活改善に関する展覧会、講演会、講習会等の開催並に生活改善団体発会式挙行等に本会講師派遣を依頼するもの多く、本会より出張講演に応じたもの頗多し」[註81] と講師派遣の依頼に応えていることがわかる。

　生活改善同盟会が講師を派遣したことについては、大正10年8月の機関誌『生活改善』2号の記事「生活改善同盟会録事」の「会務報告」の中で、生活改善同盟会の役員や調査委員会委員が北海道から鹿児島まで前年だけでも300～400回講演に出向いたと記載している。[註82] この回数はどのように算出されたかは不明であるが頻繁に出張講演を行っていることがわかる。

　大正11年4月の『生活改善』第4号では、「本会録事」の中に「地方便り」「支部便り」[註83] があり、生活改善同盟会幹事が出向いて講演したあるいは講演する予定であるとの報告があり、講師を幹事が務めていることがわかる。このような講師の派遣については不定期ながらも機関誌に掲載されており、昭和8年の『生活』第9巻10月号の「本会記事」にも「講師派遣」という記事がみられるように、[註84] 生活改善同盟会の活動として講師の派遣は設立時から継続して行われていた。

　講師を派遣した例として、たとえば、大正11年2月12日岡山県支部の設立

に際し、棚橋が「社交儀礼の改善」を、乗杉が「生活改善の精神」の講演を行っているが、[註85] 先の会務報告にある全ての講演が依頼を受けて派遣した講師による講演なのか否かは不明である。少なくとも機関誌掲載記事から大正10年から昭和8年までの間に173講演は確認でき、その開催地は北海道から九州までと広範囲に亘っており、生活改善同盟会の幹事、理事などが講演者となり国内の広い範囲に出向いていることがわかっている。[註86]

このような講師派遣業務については、臨時教育会議の答申の項目7において「通俗講演会ヲ奨励シ一層適切ナラシムルコト」と通俗講演会が奨励されており、この答申理由に、

> 七　通俗講演会ハ従来当局者ニ於テ最モ之カ奨励ニ力メ地方教育会等ノ活動ヲ促シタルヲ以テ漸次各地方ニ普及セリト雖其ノ方法内容等ニ於テ尚適切ヲ欠キ改良ヲ要スヘキ物少カラサルカ如シ又各種学校教員教授等ノ講演モ亦近時追々発達ノ運ニ向ヘリト雖未タ系統的講演ノ開始ヲ見ルニ至ラス故ニ将来通俗講演会ノ内容ヲ改良シ一層適切ナラシムルト共ニ益々之カ普及発達ヲ図リ且ツ漸次系統的講演会開催ノ施設ヲ奨励スルノ要アリト認ム[註87]

と、講演会開催そのものは地方の教育会などが行っているが、適切な内容でない場合もあり、講師を教員や教授に依頼していても系統的な内容の講演に至っておらず、これらの点を改善することから、系統的な内容の講演会の開催を奨励する必要があったとその主旨を述べている。臨時教育会義が講演会に対する審査の主要な論点の中で、講演会の取り締まり上の問題として、講演の催し方とその講演者の双方をあげている。[註88] 学校外教育として講演会の開催に従来同様に力を入れてきたという状況下では、適切なる内容を講演する人物を選び出すことが重要だったのである。

そのため生活改善同盟会が生活改善普及活動の一端として幹事あるいは理事などを講師として派遣する活動は、生活改善に関する適切なる内容を講演できる講師の派遣活動であり、臨時教育会議の答申において項目7で意図された講師の選択および系統的な内容の講演会開催という内容に応えた事業内容であったと考える。

③　展覧会

生活改善同盟会主催の展覧会には、大正14年5月から6月にかけて開催された「生活経済展覧会」、昭和6年5月に開催された「家庭用品改善展覧会」

がある。

　生活経済展覧会は、大正14年5月27日から6月2日に、東京お茶の水の女子高等師範学校で開催されている。文部省と内務省が後援して開催に至っている。[註89] なお、展示の具体的な内容は不明である。

　家庭用品改善展覧会は、生活改善同盟会と大日本連合婦人会[註90]の合同主催で、昭和6年5月1日から5月20日まで、お茶の水にある旧東京博物館の建物で開催している。展覧会の開催の主旨は、家庭は消費経済の1単位であり、生活の基盤であり生産経済や思想・文化の母体であるとして、家庭生活にかかわる設備、食糧などの日常生活用品についての科学的知識を与えるためとしている。この家庭用品改善展覧会は、文部省の家庭教育振興・家庭生活改善普及活動の一つとして開催された展覧会であり、文部省とともに、内務省、商工省が後援となっている。[註91]

　このほか、生活改善同盟会がかかわった展覧会に、大正9年5月の「時」展覧会がある。この「時」展覧会は、東京教育博物館において開催されており、主催は生活改善同盟会ではないものの、運営は生活改善同盟会が行っていた。展覧会開催の目的は時間尊重ならびに時刻厳守を普及させることであった。[註92] 生活改善同盟会では、会規則第3条の改善実行項目に展覧会の趣旨と同様の時間の励行をあげており、生活改善同盟会の会員が率先して実行すべき改善項目となっている。これ以降の生活改善同盟会による時の記念日に関する活動として、時間尊重定時励行に関する功労者を表彰している。[註93] あわせて表彰された「時」の功労者に関する記事を機関誌に掲載し、普及の促進を図っている。

(3) 経理部

　経理部は、会費の徴収、事業資金の募集、金銭の出納、物品の保管、貸出などを担当する部として、大正10年10月に設置されている。

　昭和2年5月18日の理事会で理事事業分担の件が決議された時に示された部の名称に経理部はみられず、代わりに会計部の名称が入っている。このことから、はじめ経理部の名称で設置されたが、その後はこの理事会での検討あるいは大正10年からこの理事会開催までの間に会計部と名称が変更されたものと考えられる。なお、部名変更に伴う分掌上の変更はないものと推測する。

　経理部の担当内容のうち、経理とやや性質を異にする事業は、物品の保管・貸出で、各地で開催される展覧会などにおいて、展示の要望にあわせて展示物

— 37 —

の貸出を行っている。貸し出す展示物の種類やその保管場所、貸出方法や貸出の費用については不明である。

この保管された物品を貸し出す事業は、大正10年4月の機関誌『生活改善』第1号に「参考品貸出」の記事があり、経理部設置以前から行っていた活動である。

> 参考品貸出
> 本会は社会教育展覧会用として、生活改善時間励行に関する絵画約二百枚を所蔵し、目下全国各地に開催の各種展覧会に貸出し中なるが、其の申込頗る多数に上り、一々其の要求に応じ切れざる盛況なり。[註94]

> 将来の計画
> （略）宣伝事業としては、（略）生活改善演芸会講習会並に展覧会の開催補助、生活改善参考品の巡回貸出、（略）[註95]

上記の文面から、生活改善同盟会が所蔵あるいは保管している生活改善に関する参考品を貸し出していること、そして生活改善講演会・講習会・展覧会開催の、補助を行おうとしていたことがわかり、経理部の事業内容の物品の保管と貸出は、これらの活動を指している。あわせてこれが機関誌第1号の記事であることから、大正9年の設立後間もなくから参考品の貸出事業を行っていたと推測できる。このような展覧会の開催補助活動、そしてその展示物の貸出については、博物館の展示物について取り上げた臨時教育会議の答申項目6「通俗図書館博物館等ノ発達ヲ促シ之ニ備付クヘキ図書及陳列品ニ関シ必要ナル注意ヲ怠ラサルコト」に関連する内容である。この答申項目6の答申理由は、

> 六　（略）通俗博物館ノ如キ観覧的教育施設ニ至リテハ頗ル幼稚ニシテ見ルニ足ルヘキモノ稀ナリ然ルニ巡回文庫通俗図書館教育博物館巡回博物館等ノ如キハ最モ有力ナル通俗教育上ノ機関ナルカ故ニ一層其ノ普及ヲ図リ公衆ニ対シテ其ノ利用ヲ奨励セムコトヲ要ス[註96]

とあり、通俗博物館の陳列品に対し、陳列品が幼稚でみるに足る物は稀であると評価し、十分な内容のものを展示することを求めていた。このように、生活改善同盟会の参考品貸出事業は、答申に対応する事業内容であるといえよう。

あわせて、推測の範囲を出ないが、東京博物館（旧東京教育博物館）に生活改善同盟会の本部事務所をおいている間は、貸出物品の保管場所は博物館の中で収蔵していたのではないかと考えられる。

(4) 拡張部

　大正 11 年（1922）2 月 7 日の経理部幹事会では議題に財団法人化について取り上げ、同年 10 月には財団法人組織となる。大正 11 年に入ると会員と賛助員のほかに新たに維持会員の制度を加えている。[註97] 同大正 11 年 11 月には、理事ならびに在京の維持会員が協議会を開き、事業拡張を議題に取り上げている。翌月の大正 11 年 12 月 1 日には賛助員ならびに維持会員募集を担当する拡張部が設置され、委員を委嘱している。[註98]

　設置時の委員は、委員長星野錫、副委員長土肥脩策、委員は大橋新太郎ほか 75 名で、拡張部主事に玉利庄次郎を委嘱している。[註99]

　大正 12 年 1 月 27 日には第一回拡張委員会を開催し、財団法人基金積立の方法を協議している。

　大正 10 年の事業部設置時には、会員の募集を事業部の担当事業としていたが、法人組織となった大正 11 年の 12 月には独立した一つの部として拡張部を設けている。これは事業資金確保のための維持費および維持会費を納める賛助員と維持会員の増加を望んだためと推測できる。

　なお、賛助員ならびに維持会員は、大正 9 年 12 月付け発行の「生活改善同盟会会規約」に記載された大正 9 年の賛助員が 37 名、[註100] 大正 12 年 2 月になると、賛助員は 134 名、維持会員は 332 名になっている。[註101]

　賛助員ならびに維持会員による生活改善同盟会の収入については、詳細はわからないものの、会規約および寄付行為で定められた賛助員が納める維持費および維持会員が納める会費と維持費の規定を表 7「生活改善同盟会「本会規約」・「生活改善同盟会寄附行為」から会費関連の記載一覧」にまとめた。

　賛助員ならびに維持会員が納める維持費ならびに会費は、大正 9 年の賛助員の場合、維持費として 1 口 20 円を一回または 2 年に分けて納めることとなっており、37 名が 1 口ずつとして 2 年間の間に計 740 円納める計算になる。大正 12 年の賛助員の場合は、維持費として 50 円以上を寄附することとなっており、134 名で 6700 円以上の寄附が集まったものと考えられる。同じく大正 12 年の維持会員の場合は、1 口 3 円で毎年 1 口以上の維持会費を納めることになっており、332 名で 996 円以上の会費が毎年納められることとなる。そして、会員から入会時に会費として大正 9 年は 50 銭、大正 12 年には入会時に 1 円を納めることとあり、金額を倍に上げている。なお大正 12 年に会員から普通会員

表7　生活改善同盟会「本会規約」・「生活改善同盟会寄附行為」から会費関連の記載一覧

	会員 普通会員	賛助員	維持会員 特別維持会員
大正9年12月 『生活改善同盟会会員氏名録』、会規約	会員は、入会時に会費50銭を納める。	賛助員は、維持費として1口20円を一回または2年に分けて納める。	
大正11年1月 『生活改善』第3号、会規約	会員は、入会時に50銭を納める。	賛助員は、維持費として1口50円以上を一回または2年以内に納める。	維持会員は、毎年3円の会費を納める。
大正11年4月 『生活改善』第4号、会規約	会員は、入会時に会費50銭を納める。	賛助員は、会費として1口50円以上を一回または2年以内に納める。	維持会員は、1口3円とし、毎年1口以上の会費を納める。
大正12年2月 『生活改善』第7号、寄附行為	普通会員は、入会金1円を納める。	賛助員は、維持費として50円以上を寄附する。	維持会員は、1口3円とし、毎年1口以上の維持会費を納める。
昭和2年6月 『生活』第3巻6月号、寄附行為	普通会員の甲種は毎年1円を、乙種は入会金1円を納入する。	賛助員は、維持費として50円を寄附する。	維持会員は、1口3円とし、毎年1口以上の維持会費を納める。
昭和8年6月 『生活』第9巻6月号、寄附行為	普通会員は、入会金1円を納める。	賛助員は、維持費として50円以上を寄附する。	維持会員は毎年3円の維持会費を納める。 特別維持会員は、毎年12円の維持会費を納める。

白米10kgの標準価格（東京）は、大正8年：3円86銭、昭和5年：2円30銭であった。
（週刊朝日編『値段史年表』朝日新聞社　昭和63年　p.161）

へと名称を変えている。

　これら、会員ならびに普通会員および維持会員による会費、賛助員による維持費によって活動資金が維持されていくのであるが、年間の使用金額と見合うものであったのかは不明である。

　昭和8年に文部省の小尾範治が「同盟会に就きまして、文部省が其様な機関を活動させてそれに依つて実行を促すことが適当であらうと考へまして、同盟会の設立以来僅かでありますが、年々補助金を交付して、其の趣旨の普及徹底、並に其の実行の促進に御尽力願つて居ります」[註102]と述べている。補助金の記載を確認できるのは大正12年3月には奨励補助金が交付され、昭和5年3月と翌年の昭和6年3月には文部省から1000円の事業補助金が交付されている。[註103]一方大正14年には新聞に文部省と内務省から事業補助金を得るために事業計画を申請している。[註104]また、大正13年から始まった農村生活改善調査委員会の活動は、文部省、内務省の両省から特別補助金を受けており、[註105]毎年一定の額が交付されるというよりは、事業計画を申し出て補助金を受けていたものと考えられる。

図7　『生活改善』第1号（大正10年4月）表紙　　図8　『住宅家具の改善』表紙
昭和女子大学図書館蔵

(5) 出版活動と出版部の設立

　出版部は、会誌並に調査報告等の刊行物の発刊を目的として設けられた部である。生活改善同盟会の主な出版物は、機関誌と単行本である。

① 機関誌

　機関誌は設立から1年後の大正10年4月に発行した『生活改善』が第1号である。当初は季刊誌であったが大正12年2月から月刊誌となり、大正14年からは誌名を『生活』と改称している。[註106] 大正12年の関東大震災直後には未発行の月があり、昭和初期には冊子形式から一時的に新聞形式になるといった変化はみられるものの、生活改善同盟会の活動期間中は継続して出版されている。

② 単行本

　会運営の状況や新しい情報を伝える機関誌とは別に、改善方針の提案や、講習会の内容をまとめたもの、漬物の漬け方や病人の対応方法など日常生活で有益な情報をまとめたもの、戸建て住宅の間取り図など、改善の方針や方法を広めるために単行本が出版された。単行本は、大正9年8月発行の『住宅改善の方針』が最初で、大正9年1月の発足時から昭和8年10月の生活改善中央会への改組までに出版された単行本は、19冊確認できる。（表8「単行本一覧」）

　この19冊は、大きく2つのグループに分けることができる。それは、5つの改善調査委員会の活動によって提示された改善の方針や方法を表した単行本、もう1つは改善調査委員会の活動とは関係なく生活を具体的に捉えて改善方法などを説明した本である。

表8　単行本一覧[*1]

発行年月	冊子名	内容に関する事項
大正 9 年 8 月	住宅改善の方針	住宅改善調査委員会
大正 9 年 8 月	服装改善の方針	服装改善調査委員会
大正 10 年 1 月	社交儀礼に関する改善事項[*2]	社交儀礼改善調査委員会
大正 10 年 7 月	住宅の間取及設備の改善	住宅改善調査委員会
大正 10 年[*3]	生活改善調査決定事項[*2]	服装、住宅、社交儀礼
大正 12 年 3 月	生活改善調査決定事項[*4]	服装、食事、住宅、社交儀礼の各改善調査委員会
大正 13 年 2 月	生活改善の栞	服装、食事、社交儀礼の各改善調査委員会
大正 13 年 4 月[*5]	住宅家具の改善	住宅改善調査委員会
昭和 2 年 10 月	漬物と其漬け方	
昭和 3 年 2 月	生活改善の栞	大正 13 年『生活改善の栞』の改訂版「住宅改善の方針」を掲載
昭和 3 年 5 月	新しい台所と台所道具	
昭和 3 年 5 月	お米と御飯のいろいろ[*2]	
昭和 3 年 10 月	診て貰ふまで	
昭和 4 年 10 月	新しい日本住宅実例	同潤会住宅平面図集
昭和 4 年 11 月	実生活の建直し	
昭和 4 年 11 月	生活改善実話集	
昭和 6 年 2 月	農村生活改善指針	農村生活改善調査委員会
昭和 6 年 3 月	今後の家庭生活	「家庭生活改善講習会並研究会」の講演内容
昭和 6 年 12 月	澁澤翁と生活改善	渋沢栄一を偲んで作成された冊子

*1：生活改善同盟会の出版物には、表に記載した冊子のほか、パンフレットや1枚刷りの印刷物、機関誌の付録として巻末につけられた印刷物がある。
*2：大正10年1月『社交儀礼に関する改善事項』、大正10年『生活改善調査決定事項』、昭和3年5月『お米と御飯のいろいろ』は、生活改善同盟会の機関誌の広告には掲載されているものの、現時点で所在を確認できていない冊子である。
*3：機関誌第2号（大正10年8月5日発行）に宣伝を掲載していることから、大正10年4月から7月の間に出版している。
*4：大正10年の『生活改善調査決定事項』に「食事の改善」を加えている。
*5：国立国会図書館蔵『住宅家具の改善』の奥附で棚橋印を伴う修正された発行年月日を用いた。

a）改善調査委員会と単行本

　調査部のところで既に取り上げた住宅改善調査委員会と服装改善調査委員会、社交儀礼の改善調査委員会、食事の改善調査委員会は、関連分野の専門家を中心とした委員会の委員により改善の方針や方法を検討し、その結果を公表している。
　この委員会活動で出版された単行本は、大正9年発行の『住宅改善の方針』、『服装改善の方針』から始まり、大正10年の『社交儀礼に関する改善事項』および『住宅の間取及設備の改善』、そして住宅・服装・社交儀礼の各委員会が

それまでに発表した方針を一冊にまとめた『生活改善調査決定事項』である。つづいて大正12年3月には、食事の改善調査委員会の活動結果である「食事の改善」の項を加えて、大正10年と同じ書名『生活改善調査決定事項』の増補版が出版されている。

翌年の大正13年には、2月に『生活改善の栞』、4月に『住宅家具の改善』が出版されている。この『生活改善の栞』は、『生活改善調査決定事項』から「住宅の改善」の項を除き「一般生活振りの改善」の項を加えた内容の冊子で、もう一方の『住宅家具の改善』は除かれた住宅改良関係の内容を一冊にまとめた住宅と家具の改善を目指した冊子である。

昭和3年2月には、改訂版『生活改善の栞』が出版されている。改訂内容は、大正13年の『生活改善の栞』に大正9年の「住宅改善の方針」を加えただけで、新しい内容が加わった訳ではない。註107 大正13年の2冊子出版をもって設立当初計画していた委員会による出版活動は終息をみる。これ以降、表8にみられるように委員会が新たに提案した冊子はない。

生活改善同盟会と同様に乗杉によって大正9年10月に設立された社会教育研究会という会がある。この会は、文部省内に事務局をおき、全国の社会教育関係者に向けて機関誌『社会教育』を大正10年1月から発行している。註108 大正13年8月の『社会教育』第1巻第5号に、『生活改善の栞』と『住宅家具の改善』の2冊が紹介されている。『生活改善の栞』の紹介文の冒頭部分には、「本書は、我国唯一の財団法人生活改善同盟会が、過去四ヶ年間に渉つて、生活に関する各方面の事項を、夫々専門家を委員として、調査研究したる結果に依り在来の生活法を整理」註109 した本で、4年間の成果をまとめた冊子であると説明されている。『住宅家具の改善』の紹介文では、「本書は、前の生活改善の栞と同じ目的に依て調査研究されたものゝ中から、住宅家具に関する部分を離して別冊となしたものである。住宅改善の方針、住宅の構造及び設備の改善（略）、各専門家が最新知識に依り実際に鑑み、多くの写真と詳細なる説明を附し、長短利害を明に示して改善指導を力めたものである。前書と共に、実生活の参考資料として欠くべからざる良書であることを信ずる」註110 とあり、住宅と家具の部分は別冊としたこと、社会教育にかかわる各地の人々に生活上の参考資料として良書であると勧めている。

このように、住宅改善調査委員会、服装改善調査委員会、社交儀礼改善調査

委員会、食事の改善調査委員会の活動による改善方法の提案は、大正13年の『生活改善の栞』『住宅家具の改善』の2冊の単行本が最終的な内容であり、この2冊が住居、服装、社交儀礼、食事の各改善調査委員会の活動をまとめた改善の指針と改善方法であった。

　先行する4つの改善調査委員会の活動をまとめ上げた大正13年には、新たに農村生活改善調査委員会が活動を始めている。農村生活改善調査委員会は、その中に、服装、住居、社交儀礼、食事、衛生の6分野を立てて検討を進め、昭和6年に『農村生活改善指針』を発行している。

　委員会による単行本は、住宅改善調査委員会、服装改善調査委員会、社交儀礼改善調査委員会、食事の改善調査委員会、農村生活改善調査委員会の5つの改善調査委員会の活動によって提示された改善方針や指針および改善の方法を提示した冊子で、大正期に8冊、昭和期に2冊の合計10冊が出版されている。

　b）改善調査委員会の活動以外の単行本

　前項で述べた各改善調査委員会による改善方針ならびに改善方法をまとめた単行本の他に、昭和期に入ると、特定の題材の単行本9冊が出版されている。

　昭和2年10月の『漬物と其漬け方』を最初として、昭和3年には『新しい台所と台所道具』、『お米と御飯のいろいろ』、『診て貰ふまで』が出ている。テーマには、漬物、台所と台所道具、お米とご飯というように日常生活の具体的なものがあげられており、もう1冊は応急手当の方法や医者にかかるまでの段取りを記した本である。このように日常生活上に存在する問題を対象とすることで、具体的で親しみやすく目的にあわせて選択できる本となっている。

　衣食住など全般に亘る冊子には、昭和4年11月の『実生活の建直し』、昭和6年3月の『今後の家庭生活』がある。これらの表題は、先の表題と比較すると抽象的な表現となっているが、家庭生活に関する内容であることを示している。なお、『今後の家庭生活』は、昭和5年7月に生活改善同盟会主催で開催した「家庭生活改善講習会並研究会」の講演内容をまとめた単行本である。

　昭和4年には、同潤会が建設した戸建住宅の図面集である『新しい日本住宅実例』を10月に出し、同年11月には各府県ならびに教化団体から集めた生活改善の実例や模範的な実行者などについてまとめた冊子『生活改善実話集』を出している。実例や実話という、現実的な改善方法を提示した内容である。[註111]

　昭和6年12月の『澁澤翁と生活改善』は、同年11月に逝去した渋沢栄一を偲

んで作成された冊子である。なお、同昭和6年6月に逝去した伊藤博邦に関しては後述するが、機関誌で特集を組んではいるものの、単行本形式の追悼冊子は発行していない。

　以上の9冊は、その内6冊は毎日の家庭生活にかかわる内容であり、2冊は実例・実話を取り上げた内容であり、残りの1冊は生活改善同盟会の活動に尽力した人物を偲んだ内容であった。

　前述したように生活改善同盟会の出版活動は、5つの改善調査委員会の活動結果をまとめた内容の冊子と、改善調査委員会の活動とは関係なく生活を具体的に捉えた内容の冊子の2分類に大別することができる。これらを発行年で分けてみると、大正期には、住宅、服装、社交儀礼、食事の各改善調査委員会の活動にかかわる冊子のみを発行し、昭和期には『生活改善の栞』の改訂版と『農村生活改善指針』がある。『農村生活改善指針』は大正期から継続している委員会活動による冊子であるが、それ以外の9冊は委員会活動以外の冊子であり、内8冊は特に家庭生活に直接かかわる具体的な内容を取り上げた冊子であった。生活改善同盟会の単行本出版状況は、委員会活動を中心とした大正期と、委員会活動以外の生活に直接かかわる内容を中心とした昭和期に分けてみることができる。

c）善良なる読み物

　出版物に関しては、答申項目5「善良ナル読物等ノ供給ヲ豊ニスル為積極的施設ヲ為シ併セテ出版物ノ取締ニ関シ一層ノ注意ヲ加フルコト」とかかわる活動である。この答申項目では、出版物の取り締まりと善良なる著書出版の推進を取り上げている。答申項目5の理由は下記のようである。

> 5　出版物ニ就テハ単ニ消極的ニ之ヲ取締ルノミニテハ国民ノ思想ヲ善導スルコト困難ナルヘシ故ニ政府ニ於テ進ンテ積極的ノ施設ヲ為シ或ハ適当ナル読物ヲ編輯シ或ハ懸賞募集ヲ行ヒ或ハ民間ノ出版物ニシテ健全優秀ナルモノヲ買上ケ或ハ健全ナル思想ヲ振作スヘキ外国思想家ノ著作物ヲ翻訳スル等適当ノ方法ニ依リテ善良ナル読物ノ供給ヲ豊ニシテ之カ普及発達ヲ奨励スルヲ要ス之ト同時ニ出版物ノ取締上ニ付テモ内務文部両省ノ主任互ニ連絡疎通シテ一層ノ注意ヲ加ヘ積極消極ノ両側面ニ於テ適当ノ措置ニ出ツルノ要アルヲ認ム[註112]

　この文面によると、思想の善導を背景として、単に出版物を取り締まるのではなく国内外を問わず善良なる読物等の供給を積極的に進めるように求め、出

版物の取り締まりについては内務省と文部省で連携して適切な対応をすることを求めている。積極消極の両側面において出版物の取り締まりを行うとともに、答申項目5により文部省は、文部省が推薦できる善良な出版物の刊行とその普及を望んでいく。

生活改善同盟会では、衣食住、社交儀礼の各改善調査委員会による単行本を始め19冊からの単行本を出している。これら生活改善同盟会が出した冊子類は、文部省が勧める生活改善に関する良書であり、答申項目5の善良なる著書出版の推進に応える活動であると考える。

(6) 紹介部

昭和6年（1931）1月発行の機関誌『生活』第7巻1月号に掲載された「紹介部設置の予告」[註113]では、紹介部を設けること、紹介部の時報を発行することを知らせている。翌2月発行の機関誌『生活』第7巻2月号の巻末には、「「生活」紹介部設置のおしらせ」および「「生活」紹介部案内」、そして「紹介品案内」と題して商品紹介が掲載され、紹介部の具体的活動が認められる。

なお「「生活」紹介部」とあるのは、生活に関する商品を紹介するという主旨とも捉えられるが、生活改善同盟会の機関誌名が『生活』であることから、機関誌名『生活』を指しているものと考える。

先の2月号掲載「「生活」紹介部設置のおしらせ」の文面に、紹介部の設置理由と設置の目的が述べられている。

 「生活」紹介部設置のおしらせ

  今や生活改善は単なる運動ではなく実行に依りて着々其の実績を挙げなければならぬ秋であります。

  本会は設立以来既に十有余年を関して全国に斯運動の指針を示して参りましたが、其の間朝野多数の有識者より生活改善上一般国民に推奨すべき図書、衣、食、住、衛生、看護、教育等に関する優良品（特に国産品）を紹介し実際的改善の実を示すやう奨慂され地方の要求ある毎に其の都度紹介の労を取り、今日に至りましたが、其の事務も漸く繁雑を加へましたので今回新たに紹介部を設け組織的に事務を開始することになりました。依つて先づ本会に承認したる紹介部時報記載の数十点を選び生活改善実行者と右認定品提供者との間に立ちて仲介ならびに販売の労を執り度いと存じます。何卒充分の御利用を願ひます。[註114]

この文面から、紹介部設置の目的は、販売物を通して生活改善の実をあげる

ことであり、設置の理由は、朝野の人々から優良品の紹介を勧められたこと、今までに商品情報の問い合わせに対して、繁雑な中でも紹介や販売を行った前例があると説明している。そして、取り上げる商品は、国産の推奨商品である。

生活改善同盟会の寄附行為第2条2に「生活改善の実物宣伝及実行の促進」とあり、生活改善にかかわる生活用品の宣伝および販売促進を事業内容に謳っている。この条文は、大正9年の会規約にはないことから、法人化に際して加えられた新規事業内容である。

紹介部設置のお知らせから4ヶ月後の昭和6年6月には、生活改善同盟会が主催し、文部省・内務省・商務省が後援し「家庭用品改善展覧会」が開催されており、3省の後援を受けての展覧会開催という大きな催しを組み込むなど生活改善同盟会の新規事業として、力を入れていたことがわかる。

紹介部では紹介する商品を指定品とするために審査を行っている。昭和6年3月18日に、東京科学博物館において審査委員会を開き、指定品を決めている。昭和7年（1932）3月31日に第2回紹介品審査委員会を開いていることから、年に1回は審査会を開こうとしていたと推測できる。[註115]

昭和6年2月の機関誌に掲載された商品紹介の部分では、大半の商品に図を付けて掲載するなど、読者への配慮がうかがえる。これまで、生活改善同盟会は生活改善の方法を示すのみであったのに対し、改善に見合う商品を紹介し、会員からの希望商品の連絡を受けると業者との間に入り仲介役となるなど、通信販売活動を行うのである。

昭和6年2月の『生活』第7巻2月号に、紹介部が初めて紹介した商品は43点ある。そこで紹介された商品は、表9「「生活」紹介部の紹介商品名一覧」にまとめた。この商品紹介のページで紹介された商品は、商品名と商品の紹介文、商品紹介の図と大きさなどの種類やその金額である。製造会社名については、商品名から憶測できるものがあるものの、会社名とその会社の所在地や電話番号などの記載はない。先の「「生活」紹介部案内」にあるように、購入時には生活改善同盟会に申込み、あわせてこの案内の最後に「ご注意」として「ご送金は振替を御利用に成るのが最も確実便利であります　振替は　東京三五三九八番」とあることから、商品代金は振替あるいは送金という販売方法であることがわかる。このように国産品の取り扱いについては、内務省をはじめ官側の活動の中に見出すことができる。

表9 「生活」紹介部の紹介商品名一覧

紹介商品名
特製河野式茶琲サイフォン
寶鍋網皿組
原田瓦斯コンロ
不二炭、新不二炭
高級月経帯　エンゼルバンド
パインミシン
理想釜
台所石鹸
中村式机上毛糸織機
光式プレッシング器具
キンリウ石油厨爐
クラブ糊
安全鰹節削器
家庭用製麺器
美粧乳
バニシング、クリーム
美粧粉
メートル釜
おしめホルダー
メトロン月経帯
乳房ホルダー
乳房バンド
腋下カバー
虫よけ香錠
ユウゼンクレオン
手芸用セントランペーパー
オークリン洗濯粉
ミクヤセメン液
アイディアルベット
アルココンロ
生活改善家政要録
国益靴下カバー
国益千代田ベルト
福風呂釜
国産絹綿
福々綿
実用掛蒲団
乗式電気釜
魔法湯沸器
理研Bクラリット濾水器
文化アイロン
二分間火起し器
萩原式高速度編物器

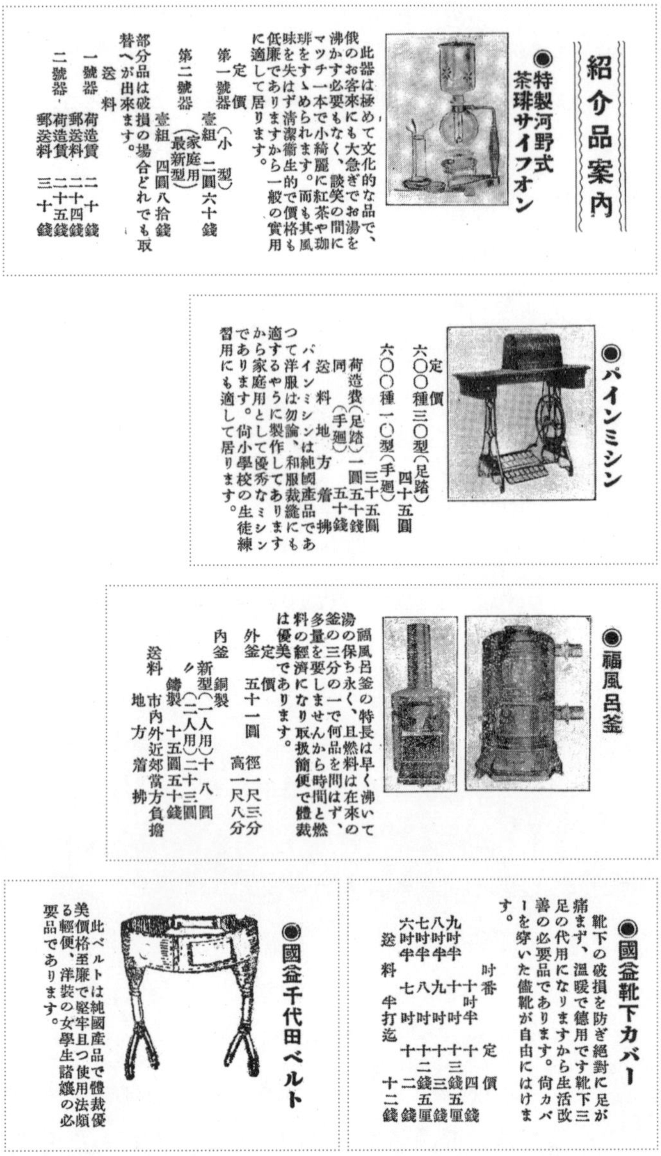

図9　紹介商品の図
上から、
特製河野式茶琲サイフォン、
パインミシン、
福風呂釜、
国益千代田ベルト、
国益靴下カバー
(「生活」第7巻3月号巻末の紹介品案内から)

— 48 —

昭和4年（1929）8月6日の内務大臣訓示は、「一般民衆に対し消費節約勤倹力行の必要なる所以を徹底せしめ」[註116]と消費節約のみを主張している。これに対し翌昭和5年（1930）5月2日の内務大臣訓示では、「国民経済の基礎を鞏固ならしむる為、国産品の使用を奨励して内地産業の振興を図り、国際貸借の改革に資するは正に喫緊の要務たるならず、亦実に社会不安の一因たる失業を防止する所以に外ならず。加ふるに国産品の使用奨励は戦後経営の方策として各国共に力を用ふる所に属し、今や世界的風潮とも謂ふべき状勢に在り」[註117]と、国産品の使用を奨励している。これと前後して内務省では、国産品奨励に関する報告書を発表しており、国策として国産品の奨励が推められていた。この昭和5年から始まった国産品奨励の国の活動を、生活改善同盟会では昭和6年に入って紹介部を設け、誌上において実施したのである。

　昭和6年2月の「「生活」紹介部設置のお知らせ」および「「生活」紹介部案内」に、希望者に時報を郵送すると記載があり、機関誌とは別に希望者にダイレクトメール方式の推奨品リストを紹介し、販売していたと考えられる。この時報を用いた販売方法の具体的な利用状況は不明である。

　機関誌巻末の「紹介品案内」の掲載は、昭和7年2月発行の『生活』第8巻2月号までは確認できており、翌3月号から終刊誌昭和8年11月号に至るまで掲載されていない。

　このことから紹介部による時報の郵送が継続して行われたかはわからないが、紹介部の機関誌『生活』の誌上での活動は、昭和6年1月の予告に告ぐ翌2月の「紹介品案内」から始まり2年後の昭和7年2月までと考えられ、この間が紹介部の活動期間であると推測する。

(7) 相談部

　相談部は、大正12年4月発行の機関誌『生活改善』No.9に、新年度の事業として「尚新に相談部を設けて住宅の建築設計、改善式諸儀式の挙行、服装調製等の相談にも応ずることにする。」[註118]とその設置が計画されている。大正14年7月には、乗杉が文部省内に設立した社会教育研究会の機関誌『社会教育』の中に、生活改善同盟会の将来計画として生活改善相談所の設置の記事がみられる。[註119] これによると、相談部が相談に応ずる内容は、結婚式および披露の方法様式、葬儀其他各種儀礼の様式、衣服の改善に関する事項、食事の改善に関する事項、家屋の改善建築設計に関する事項、其他一般生活改善に関する事項

の6点である。

　さらに、昭和3年12月発行の機関誌には、法律相談部開設の広告が掲載されている。昭和6年に開催された生活改善同盟会主催家庭用品改善展覧会においては、生活改善同盟会建設部からの出品物があると記されている。[註120] しかしながら、機関誌などに建設部の開設あるいは活動に関する記載は他にみられず、出品のための一時的な部であるのか、常時開設されていた部であるのか実態は摑めていない。

　相談部は、生活上の問題を抱え改善を望んでいる者に対し、個別に改善方法を助言する新しい事業である。法律の相談部開設および建設部の出品について記載はあるものの、その他の宣伝文・広告・活動報告はみられず、生活改善同盟会の機関誌で大正12年新年度の事業計画に関する記載ならびに大正14年の社会教育会機関誌に記載された衣食住社交儀礼に関する相談部についても、実際に活動していたのか、あるいは予告や計画のみで必要が生じた際に一時的に開設した部であったのかは不明である。

　その後昭和8年に、財団法人生活改善同盟会は財団法人生活改善中央会へと改編される。これに際した「将来の事業計画」の中で、「本会は常に時代の推移に顧み、無駄排除、生活の合理化に止らず、同時に日本精神の発揚、本邦古来の醇風美俗の助長、趣味生活の向上等、生活改善指導原理の検討を怠らず、前に列挙した調査その他の各種事業を続行する外、更に進んで本会地方組織の完成、生活改善指導者の養成、生活改善相談所の開設等諸計画の実現を期してゐる」[註121]と、従来の事業は継続した上で、更に進んだ事業として、生活改善相談所の開設を計画に盛り込んでいる。このことから、生活改善同盟会での相談部は、事業の一端を家庭用品改善展覧会の際に一時的に行ったものと考えられ、相談部としての継続的な活動には至らなかったものと考える。

6．実用的で単純な生活様式

　生活改善同盟会の設立からかかわっていた棚橋は、関東大震災後の生活を、昭和2年の「本邦生活改善運動の回顧」[註122]の中で「明治初年や鹿鳴館時代の生活改善が、お上の奨励や強制による天降り的生活改善であつたのに反し、大正時代の生活改善運動は、実に人民の側から起つた自発的改善運動」[註123]であり第一次世界大戦後の大正8年の政府の民力涵養に関する訓令、生活改善同盟

会の活動により、生活改善運動が全国的運動となったと述べている。そして大正12年の関東大震災により「国民在来の生活様式には計らずも幾多の欠陥のあつた事が暴露した」[註124] 結果、その後は「従来の如き複雑な習慣は漸次廃せられて、極めて単純な生活様式に変つて来たことも事実」であり、「今回の震災によつて、それ等の伝統因襲は一挙に排斥せられ、全く新しい実用的で且つ単純な生活様式が生まれ出でたのであります。（中略）彼の大震災の教訓が如何に国民をして生活改善の必要を痛感せしめ、其の機運を促進したかは想像に難からぬ処であります。」[註125] と述べている。このように棚橋は、明治大正期の生活がそれまで抱えていた生活上の問題は関東大震災後に随所で解決され、それによる新生活は実用的で単純な生活に至ったと評価している。棚橋にとっては、生活改善同盟会設立時と比べ、昭和2年当時の市井の人々の生活状況は生活の根底に横たわる複雑な伝統や因襲が一挙に排除され、単純で合理的な生活へと変化したと評価できるのであろうが、これは結果であって、ここには、関東大震災による家屋の倒壊や、経済的にも困難な中で余儀なく選択させられた多くの市井の人々の生活を含むのであり、これら全ての生活は、棚橋らが掲げた改善の主旨に賛同して選ばれたものではないことを理解しておかなければならないのである。同著の「本邦生活改善上の諸問題」[註126] の中で、生活の単純化、合理化を主張しており、少なくとも棚橋は、生活改善運動という活動は実用的で単純な生活様式を目指していたと理解していたことは明らかである。

　大正期から昭和初期にかけての生活改善同盟会の活動を、単純化あるいは合理化という言葉で表しているのは、棚橋だけではない。

　生活改善同盟会の初代会長となった公爵伊藤博邦が昭和6年6月に他界したため、同会では機関誌『生活』第7巻7月号に「故伊藤会長追悼号」を特集している。伊藤が公爵であったことから宮内省の関屋貞三郎による追悼文が掲載されており、その中で、伊藤の略歴と公人としての活動、ならびに生活改善同盟会の会長としての活動を下記のように賞賛している。

　　　公爵は公務の余暇、生活改善同盟会長として社会公共の為め、活動せられた事
　　　も亦世間周知の事であります。衣食住の合理化、社交儀礼の簡易化と云ふ事は、
　　　一見貴族の生活と矛盾するやうに思はれます。伝統と因襲との固い殻の中に沈湎
　　　して、簡易とか合理的とか云ふ事とは全然、没交渉のやうに思はれる一部の貴族、
　　　然かも公爵の身分を以て生活の改善を高唱されるのは不思議のやうですが、恬淡

であつて潔白なる公爵の性格を知る者には極めて当然の行き方である事が肯はれると思ひます。[註127]

　関屋によると、伊藤がかかわっていた生活改善同盟会による生活改善は、衣食住の合理化と社交儀礼の簡易化を進めることであり、簡易化と合理化という言葉で改善という意味そのものを言い表している。

　棚橋は単純化と合理化で生活改善を表し、関屋は簡易化と合理化で生活改善を表している。単純化と簡易化とはやや表現が異なるものの、冒頭で紹介したヴァグネルの"LA VIE SIMPLE"の翻訳が『単純生活』であり『簡易生活』でもあることから推し量ると、意味するところは同じであると考えられる。あわせて、アメリカ経由で入ってきたフランスの生活に対する考え方、すなわちヴァグネルの"LA VIE SIMPLE"と、大正期から昭和初期にかけて進められた生活改善とはその精神において共通点があるのではないかと推測される。

　先に臨時教育会議の答申で、善良なる読み物が求められていることは取り上げたが、その答申理由の中に「健全ナル思想ヲ振作スヘキ外国思想家ノ著作物ヲ翻訳スル等適当ノ方法ニ依リテ善良ナル読物ノ供給ヲ豊ニシテ」[註128]とある。これは大正7年であるが、これ以前の大正2年に翻訳本『単純生活』を文部省は出版している。答申理由にある翻訳本の出版という方法は、健全なる外国思想を取り入れるために文部省が既に実施していた方法でもあり、お墨付きの翻訳本は文部省が重視した社会教育教材であり、その出版は社会教育活動なのである。

　文部省によって出版された『単純生活』は、同省庁内の官吏の多くは読んだものと考えられる。省内では通俗教育を担当し、大正6年にはアメリカ、イギリス、フランスなどに教授法の研究ならびに教育施設見学のために渡航した乗杉や、博物館研究のためドイツおよびアメリカに明治42年から2年間留学している棚橋も、邦訳あるいは英文訳、もしかすると原文のフランス語でヴァグネルの著書を読んでいたとも容易に考えられる。

　当時の時代思潮を強く反映したヴァグネルの簡易生活という生活に対する考え方が、生活改善同盟会を作り、活動を支える一つの基盤を成していたとみてもよいのではないか。

7. むすびにかえて

　大正6年から2年間、内閣総理大臣のもとで審議された臨時教育会議の通俗教育（社会教育）に対する時代の要請をうけ、担当官として任命された文部省第四課課長乗杉嘉寿と、この課新設とともに第四課の管掌下に入った東京教育博物館の館長棚橋源太郎の二人が中心人物となり、大正9年1月、生活改善同盟会を設立する。生活改善同盟会は、文部省からの期待に応えるため、答申内容に則した会規約の条文を作成し、これに基づき昭和8年まで組織作りと事業展開を行った。しかし、生活改善同盟会の理想とした生活改善活動や普及には限界があり、全ての事業を計画通り、期待通りに行うことはできなかった。現実の壁は随所に存在していたのである。

　本書は、14年に亘る活動を2期に分け、大正9年から大正13年までを前期、大正14年から昭和8年までを後期と捉えた。

　2つの時期の区分境には、機関誌名の変更と事務所所在地の変更、あわせて乗杉の松江への転勤、次いで棚橋源太郎の東京博物館館長退職とがあり、前期をリードしてきた中心人物が生活改善同盟会と直接かかわる部署から離れていっている。後期は乗杉の後任人物らによって文部省と生活改善同盟会との関係が作られていく。乗杉も棚橋も後期の活動に関与し続けるが、後期には社会教育を担当する文部省の部署から距離をおくことになり、この所属変更の意味は大きかった。

　前期は、乗杉と棚橋が設立時の方針に則り事業計画を進めた期間である。設立活動には、生活改善展覧会ならびに生活改善講演会を同時に開催するだけでなく、新聞記事で話題を集めるなどメディア戦略も組み込まれており、派手なスタートを切っている。乗杉と棚橋の2人は生活改善同盟会に託した理想を追い、多くの事業を急ピッチで展開した。生活を衣・食・住・社交儀礼、また都市部の生活と農村生活とに分け、専門的知識を持ったメンバーによる委員会を設けている。前期の委員会活動では、都市部の改善方針および改善方法を打ち出し、これを大正13年『生活改善の栞』『住宅家具の改善』に発表した。

　生活改善同盟会設立活動の初期段階では、会員自らが改善項目をすべて実行する強い意思と行動力を持つ同志の会を望んでいた。大正9年初め棚橋は、実業家であり社会事業に携わっていた渋沢栄一に運営資金の援助を求めた。渋沢

からは主旨には賛同するが条目全ての実行は不可能と意見が返り、条目のうち可能なことから実行する方針へと妥協せざるを得なかった。ここが最初のターニング・ポイントであり、生活改善に描いた当初の高き理想は、現実の壁によって運動姿勢の変容を余儀なくされていく。

　後期は、前期からの活動結果を元に新たに『農村生活改善指針』を発行するほか、前期に打ち出した改善方法の普及活動は継続する一方、日常生活および生活用品を具体的に取り上げ、実施方法や事例などをまとめた著書の出版や実施方法を伝授する講習会および展覧会を開催している。

　都市部の生活を対象とした改善方針や改善方法は、農村部にそぐわないこととして検討を始めるが、発表された農村部への改善方法は、合理性と科学的分析を重んじた部分が多く、ことに土地については、農業運営に不適切な土地の場合に先祖伝来の土地から肥沃で作物の運送に便利な土地に移ることも良い方法であると推奨しており、それまでの慣習や当時の人々の生活感情から乖離した方法も提示されている。そのため、実際の改善に結びつきにくい点が目立つ半面、可能かつ適合した改善部分の受け入れまでをも阻む一因になっていたのではないだろうか。農村部の人々の特徴をなす慣習や気質などの現実の壁が、提案した内容の受容を困難にしていた可能性が大きい。生活改善同盟会の改善方法は普及しなかったと評価される所以がこのあたりに潜んでいたことは容易に推測できる。

　都市部と農村部に分けた生活改善の方針や改善方法に関しても、当初の考えと異なる方向に展開していった。衣服と住居の2分野の改善調査委員会に始まる委員会活動には、専門的知識を持った委員によって思い描かれたあるべき生活へと実現させる指標や具体的対応策、実施に関する情報が盛り込まれていた。住居は都市部を主たる範囲として捉えていたが、その他の服装・食事・社交儀礼の各委員会が提案する改善方法には都市部以外の地域を考慮した改善方法が見出せる。衣と社交儀礼の生活では、経済的負担の軽減を提唱しつつ、冠婚葬祭、ことに婚礼で使う衣装や食器、丁重過ぎるもてなしなどについても取り上げており、これらは都市部と限定できない改善内容であった。こうした点からは、大正13年に出版された2冊子で方針は全てを網羅しており、これを基に場所や時を適宜考慮して改善方法の中から選択、あるいは状況に適した方法を講じて改善を推進すればよいと考えていた節がみてとれる。一方、大正12年

に農村部の生活改善に着手することを発表した棚橋は、従来の改善はどちらかといえば都市部の生活を対象としていたが、これからは農村部のごとき生活についても検討の対象とする旨を発表し、後期の『農村生活改善指針』出版に至る活動に対し、文部省内務省からの資金援助を受けている。すなわち、内務省などで農村部の生活改善を取り上げる流れとなったことから、生活改善同盟会も農村部の生活に絞った応対が求められ、当初意図していたところの基本は共通で対応は地域により千差万別とする考え方から、都市部と農村部といった地域分けをした改善提案を要請された可能性がある。会の性格と運営資金に関連する仔細からも、活動内容を官という大きな存在の方針の変化に合わせざるを得なかった事情が推察できる。

　国産品愛用を推進させるために昭和6年から始めた生活用品の販売は、機関誌とカタログで実施していたが、婦人雑誌による通販が広まった時代でもあり、ミシンやコーヒーサイフォンなどの憧れの商品から炊飯用のアイデア釜などの台所用品、さらには女性の下着に至るまで、時代を特徴づける商品が並んでいる。販売実績については資料に記載はなく、現段階では不明である。

　さらに後期は、同潤会の戸建て住宅平面図集の出版や医師にかかるまでの対応方法、漬物のつけ方、染色方法や洗濯の方法などの生活情報の普及やハウツーを伝えるための出版活動や講習会活動を行い、展覧会なども開催している。一方、事業資金面では文部省および内務省と深く連携した活動を進めている。事業の実態と、生活改善同盟会の事務所が文部省内に設けられたこともあわせ考えると、前期の個人レベルで運営を取り仕切っていた人物中心の事業展開から、官の意向を重視した事業選択へと運営の方向に変化を来していることがわかる。

　構成員ならびに運営資金の両側面から生活改善同盟会は半官半民の団体で、文部省と内務省という後ろ盾もあり、道府県の各地に情報供給することで活動の活路は開かれていたが、監事会や理事会、委員会による会合の記録や決議事項など活動実態を知らせる機関誌の記事が、後期には次第に簡略化あるいは省略され、生活改善同盟会の事業展開の実態が把握しづらく、不透明な度合いが増している。

　生活改善同盟会は、昭和8年に組織の改編という最終ターニング・ポイントをむかえる。

臨時教育会議の答申で求められた各地の公共団体や教育会などの協力を得ながら活動するという組織作りは、これら諸団体とかかわる生活改善同盟会の支部を設けて活動のネットワーク作りを目指した。確認し得た範囲では、支部の増加はみられず低迷に終わった。ネットワーク作りは、期待に添えない結果を得たのである。その後戦時色が濃くなると公共団体や教育会とともに生活改善を行う民間の活動グループなどとの協力体制作りが重要視され、生活改善同盟会は関連諸団体のまとめ役へと移行する。これが昭和8年の生活改善同盟会から生活改善中央会への改編である。文部省普通学務局を通して、各地の学務部との脈絡を利用しながら進められてきた生活改善運動ではあったが、生活改善同盟会にかけられた期待は大きく、実績が評価されない場合には、組織改編も余儀なくさせられたのである。

　生活改善を取り巻く日本社会は、第一次世界大戦後の好景気の時代に始まり、世界大恐慌に陥り、直後には関東大震災という未曾有の災害に見舞われ、そして大正から昭和へと天皇の世代も元号も変わり、生活改善同盟会が文部省の外郭団体として、中央と地方の人心との繋ぎ役を負わされる頃には第二次世界大戦に向かっていた。

　生活改善同盟会の活動した14年間の功績、意義の判定は言下には難しい。委員をはじめ会員に至る多くの人々を巻き込んだ大規模の活動であり生活改善同盟会、あるいは生活改善という言葉に市井の人々の関心が寄せられた時代であった。本文で簡易生活あるいは単純生活について触れたが、生活改善同盟会にかかわった知識人層やホワイトカラー層の人々が、他でもなくこの改善提案に盛り込まれた簡易生活や合理的生活に共鳴し、受容できる素地がそれまでに培われていたのではないだろうか。この人的基盤なしにこの活動は成立しなかったといっても過言ではないと考えるのである。

　今日の生活改善同盟会に対する活動評価は低く、国民に影響力をもつまでには至らなかったといわれている。生活改善の指標や改善方法の全てが受け入れられることはあり得ず、日常の生活に触れ、地域社会の慣習に立ち入る生活改善には、大きな壁が立ちはだかるものである。

　しかし、根底にある人間の生活構築に対する考え方に立ち戻って考えてみれば、常に時代に即した新しい生活を追い求め、合理的で経済的かつ衛生的な生

活を実現しようとする当時の人々の希求は、我々自身の営為を振り返ることでも容易に忖度できよう。

　生活改善同盟会が行った組織づくりと事業展開による生活改善普及活動は理想と現実の間に揺れ動きながら存在していたことが資料の行間からも読みとれるのである。

　上段左から
　『生活改善』第2号　生活改善同盟会　大正10年8月　昭和女子大学図書館蔵
　『生活』第5巻11月号　財団法人生活改善同盟会　昭和4年11月
　『生活』第6巻3月号　財団法人生活改善同盟会　昭和5年3月
　下段左から
　『生活』第6巻5月号　財団法人生活改善同盟会　昭和5年5月
　『生活』第7巻3月号　財団法人生活改善同盟会　昭和6年3月
　『生活』第9巻10月号　財団法人生活改善同盟会　昭和8年10月

8．註

1 伊藤めぐみ「5.6.1 生活改善問題と家政学」日本家政学会編『家政学辞典』朝倉書店 2004年7月　p.35
2 祖田修「監修者まえがき」大塚幸雄訳『簡素な生活』講談社　2001年5月　pp.3-7
　ヴァグネルの生没については、出生年月日は、『簡易生活』の「著者略伝」にある「シヤルル、ワグネ、千八百五十二年一月三日、アルサス州シヤトウ、サラン郡なるウヰベルスヴイユに生る、是日偶々日曜に際し、彼が生れたる時は、其父恰かも教壇にありて説教中なりしと云ふ」（布施知足訳　シャルル・ワグネ著『簡易生活』明治39年　東西社　p.1）に基づき、没年は国立国会図書館の著者情報による。1901年刊の英訳本についての詳細は http://openlibrary.org/books/OL7102307M/simple_life を参照した。
3 「緒言」『単純生活』文部省　大正2年6月　pp.1-4
4 平井聖『住生活史―日本人の住まいと生活―』1989年4月　放送大学教育振興会 pp.176-177、および平井聖『生活文化史―日本人の生活と住まい―』1994年3月　放送大学教育振興会　p.112
　ちなみに、中村は原文である仏文を邦訳したのか英文を邦訳したのか不明であるが、アメリカ滞在中に翻訳し、その原稿を帰国する友人に託し、日本での出版へと至っていること、ニューヨーク大学を卒業しており英語には不自由しない状況であることなどから、中村は英文から邦訳した可能性が高い。布施も、著書の表紙に "THE SIMPLE LIFE" と記載していること、早稲田大学英文科を卒業していることから、英文を邦訳したものと考えられる。文部省では、邦訳と原文すなわち仏文の原著書との照合を行う人物を決めていることから、英文から邦訳文を作成しそれを仏文と照合させたものと推測する。いずれにしてもフランスから直接我が国に入ってきたのではなく、アメリカを経由して入ってきたと考えることができる。
　なお、中村が、ニューヨーク大学を卒業した後に、そのままアメリカに滞在していることなど、出版までの経緯は中村訳『単純生活』「ワグナー氏所翰」（p.3）の冒頭に紹介されている。中村の略歴は、「中村嘉壽」（『大正人名辞典』Ⅲ下　（株）日本図書センター　1994年9月　p.3）を参照した。布施の略歴は現在調査中であるが、早稲田大学英文科卒であることを同窓会名簿で調べて下さった本学中西裕教授にこの場を借りてお礼申し上げる。
5 海後宗臣『臨時教育会議の研究』東京大学出版会　1960年3月　pp.1-13
6 小川利夫「諮問第八号　通俗教育ニ関スル件」前掲5　p.835
7 前掲5（pp.833-867）を参考にして内容の要約文を作成した。
8 小川利夫「Ⅲ　審議および答申の歴史的意義」前掲5　p.864

9　乗杉嘉寿（のりすぎかじゅ、1878-1947）の略歴は小川利夫の研究による。（小川利夫「『社会教育』復刻の今日的意義」小川利夫監修『社会教育』別巻　大空社　1991年　pp.49-50、小川利夫「近代日本社会教育論の探求」小川利夫、新海英行編『社会基本文献資料集成』別巻　大空社　平成6年　pp.110-119）
　　大正8年4月24日に、文部省官制中改正（勅令第146号『官報』第2015号）につき、社会教育専任の担当官設置が決まり、同24日に乗杉は事務官に任ぜられている（『官報』2016号）。大正13年7月には赴任し、松江高等学校校長となる。なお、乗杉の後任は小尾範治で、小樽高等商業学校教授から転任となり新しい教育課長に就任する。
10　大正8年6月11日の文部省分課規定中改正により第四課は新設される（『官報』第2055号）。大正8年6月18日の辞令により普通学務局第四課課長に文部省事務官乗杉嘉寿が就任する（『官報』第2061号）。
11　乗杉嘉寿「生活改善の意義」文部省普通学務局『社会教育講演集』帝国地方行政会　大正10年　p.1
12　乗杉嘉寿「生活改善の意義」前掲11　p.2
13　同上
14　同上
15　前掲11　pp.3-4
16　久原甫「社会教育行政の生成と展開」『日本近代教育百年史　7』（国立教育研究所編　昭和49年　p.842）によると文部省三訓令は下記の通りである。
　　勅令第七号（ママ）「食料問題ニ関スル件」（ママ）（大正8年7月）は、米食から雑穀混用へ切替えて食料問題解決の一助とすることを奨励したもの。
　　訓令第八号「戦後経営ノ方策トシテ国民生活ノ充実ト国富ノ増進トヲ図ルヘキ件」（大正8年8月）は、勤勉治産、教員家族の副業等を奨励したもの。
　　訓令第九号「日常ノ生活上浪費ヲ避ケ節約ニ努メ特ニ教育ノ任ニ当ル者ハ学用品及服装等実用ヲ旨トスヘキ件」（大正8年8月）は、具体例があげられ、消費生活の徹底、虚礼廃止、生活の合理化を奨励するもの。
宮坂広作『近代日本社会教育政策史』国土社　1966年9月　pp.186-187
　　文部省が生活改善運動に手を染めたのは、一九一九（大正八年）七月二九日、文部省訓令第六号を以て代用食を奨励した時である。戦後経営の指針のひとつとして出されたこの訓令は、食料問題が欧米諸国における戦後経営の主要な問題になっていることを述べ、（略）内務省の戦後経営策に比べて、あまりに気宇の小さい施策にも見えるが、このような訓令が発せられた契機として、少なくとも二つのアクチュアルな問題があった。第一は、訓令自身がふれているように、第一次大戦中における西欧諸国の食料難の事実から学ぼうとする姿勢であり、第二には米騒動からうけた衝撃である。以上述べたごとく、大正期の社会教育政策中、かなりの比重がおか

れた生活改善運動は、第一次大戦にともなう物価騰貴によって没落の速度をはやめつつあった都市中間層を主たる対象に、その生活を合理化することで没落を阻止し、中間階級を温存することで労資の決定的対立が激化するのを緩衝し、また没落した知識階級が反体制イデオロギーに接近・浸潤されることを防ぐという意味での思想対策として展開された。またそれは、あわせて来るべき帝国主義戦争を遂行しうるだけの国民生活力を涵養することをねらってもいた。それが主として消費生活の合理化であり、個人的なやりくり、工夫での解決を奨めるものである以上、当然限界があった。半官半民的な組織を利用して上からの普及をはかった点も、この運動が民衆のなかに深く広く滲透していくことの障害になった。こうした欠陥のゆえに、昭和初期にはこの運動もすっかり沈滞してしまい、六月一〇日の「時の記念日」だけが後日まで生きのこって、大正期生活改善運動の形見となった。

17 棚橋源太郎「生活改善の第一義」文部省普通学務局『生活改善講演集3』大日本図書株式会社　大正10年3月　p.116
　　（略）之を我々の事業として社会教育の方面から此問題を取扱つて行くには、どうしても第一に展覧会をしなければならぬと考へて、生活改善展覧会を昨年五六月に計画したのであります、そして直に印刷物を配つて其準備に掛つたのであります、（略）

18 国立教育研究所編『日本近代教育百年史　7』前掲16　pp.809-810、p.846

19 椎名仙卓『日本博物館発達史』雄山閣　昭和63年7月　p.154

20 棚橋源太郎（たなはし　げんたろう、1869-1961）の略歴は宮崎惇のまとめた年表（宮崎惇『棚橋源太郎先生年表』棚橋源太郎先生顕彰・研究会　平成3年、他）による。博物館事業に関しては、椎名仙卓の「大正時代」『日本博物館発達史』（雄山閣　昭和63年　pp.141-210）に述べられている。
　　なお、大正6年5月30日に、東京教育博物館事務取扱嘱託が解かれ東京教育博物館館長に命ぜられている（『官報』第1447号）

21 宮崎惇『棚橋源太郎―博物館にかけた生涯―』岐阜県博物館友の会　平成4年　pp.113-114

22 前掲17

23 「生活改善展覧会」、「生活改善展覧会出品目録」『東京教育博物館一覧　大正9年4月』pp.23-25、pp.44-50

24 内田青蔵・礒野さとみ「大正8・9年に開催された文部省主催「生活改善展覧会」の開催経緯とその後の影響」生活文化史学会『生活文化史』№28　1995年9月　pp.54-67（p.61該当部分）

25 文部大臣官房文書課『日本帝国文部省年報第四十七年報　上巻』文部大臣官房文書課　大正11年　p.326

26　文部省普通学務局『生活改善講演集1』大日本図書株式会社　大正10年2月　pp.1-4
27　「南文部次官式辞」と、「住宅改善」「住宅家具の改善」「庭園生活の改善」「家庭経済の改善に就いて」「家庭の副業と内職」「食物の改善」「本邦の食糧政策」「風俗改善の原理及応用」「衣服の改善」「生活改善と衣服」「生活改善の第一義」（なお、講演の順番は不明。『生活改善講演集1～3』大正10年2月・3月　文部省普通学務局　大日本図書株式会社）
28　『生活改善』第1号　生活改善同盟会　大正10年4月　p.19
29　前掲28　p.19
30　「生活改善実行のビー・エル組合成る　代議士学者教育者と実業家婦人等の団結」『東京朝日新聞』大正8年12月26日　p.5
31　『中外商業新報』第12144号（大正9年1月16日）の記事「生活改善同盟会伊藤公を筆頭に百余名発起」のなかで、「(略)伊藤博邦公を筆頭に、園田孝吉男・沢柳文学博士・三輪田元道氏・小橋内務次官・嘉悦孝子女史・安井哲子女子等朝野名士百余名発起となりて、生活改善同盟会なるものを組織し、(略)」と記され、大正9年1月15日には発起人は百名あまりいたことがわかる。
32　論説「生活改善に就て」『竜門雑誌』534　渋沢青淵記念財団竜門社　昭和8年　p.1
この記事は、竜門雑誌の雑誌委員が主催し、青淵（渋沢栄一）氏の社会活動について意見を交わす会として開催した意見交換会の内容をまとめたものである。来会者は、犬丸鐵太郎、林彌一郎、長谷川千代松、新美節、堀内明三郎、土肥脩策、塘茂太郎、江尻正一、新井源水、櫻田助作、諸井六郎、野口弘毅の12名である。なお、該当箇所の発表者は、不明であるが来場者の中で同盟会の役員である土肥脩策ではないかと考える。
33　前掲28　p.21
34　生活改善同盟会の初代会長は公爵伊藤博邦で、大正9年1月の設立当初から伊藤が死去する昭和6年6月9日まで会長を務めている。伊藤逝去の後の1年間は後任が決まらず会長不在であったが、昭和7年6月以降は実業家の星野錫が会長を務めている。なお、星野は財団法人生活改善中央会と改編された後の昭和10年2月まで会長を継続して務めている。
大正13年の12月には、新たに副会長の職が加えられているが、最初の副会長は星野錫と本野久子で、昭和6年の会長他界の時点では副会長は星野と本野の2名である。昭和7年5月28日の評議員会において、会長副会長の補欠推薦について検討がなされ、会長に星野錫を、副会長に間島與喜を推薦している。
35　前掲32　p.3
36　棚橋源太郎「故伊藤会長の思ひ出」『生活』第7巻7月号　生活改善同盟会　昭和6年7月　pp.7-9

37 「本会規約」『生活改善同盟会会員氏名録』生活改善同盟会　大正9年12月付　pp.2-4
　　会の規約は、大正9年12月付の『生活改善同盟会会員氏名録』という名簿があり、ここに掲載された「本会規約」が最も早い時期のものである。

　　　本会規約
　　　　第1条　本会ハ生活改善同盟会ト称シ、本部ヲ東京ニ、支部ヲ地方ニ置ク
　　　　第2条　本会ノ目的ハ会員相互ノ協力ニ依リテ我国民生活ノ改善向上ヲ期スルニアリ
　　　　第3条　本会々員ハ前条ノ目的ヲ達成センカタメ衣食住社交儀礼等ノ改善ニ心掛クルハ勿論先ツ以テ着手シ易キ左記事項ノ実行ニ努力スルモノトス
　　　　　　　　　　　　　　　　　　　　　　　　　　　（17項目記載あり　略す。）
　　　　第4条　本会ハ其ノ目的遂行ノ為メ必要ナル調査機関ヲ設ケ講演会展覧会等ヲ開催シ雑誌図書其他ノ印刷物ヲ発行ス
　　　　第5条　本会々員タラント欲スル者ハ住所氏名ヲ本会事務所ニ届出テ会員徽章ヲ受クヘシ
　　　　　　　本会々員ハ会員徽章ヲ佩用スルモノトス
　　　　第6条　本会ハ毎年一回総会ヲ開キ会務ノ報告役員ノ選挙等ヲ行フ
　　　　第7条　本会ニ左ノ役員ヲ置ク
　　　　　　　会長1名　幹事若干名　評議員若干名　書記若干名
　　　　第8条　会長ハ総会ニ於テ之ヲ推薦シ評議員ハ其ノ半数ヲ会長ノ指名ニ依リ他ノ半数ヲ会員ノ選挙ニ依リ幹事ハ会長ノ指名ニ依リ之ヲ決シ任期ヲ各一ケ年トス
　　　　第9条　会長ハ会務ヲ統轄シ幹事ハ会務ヲ掌理ス
　　　　第10条　評議員ハ重要ナル会務ニ関シ会長ノ諮問ニ応ス
　　　　第11条　本会ノ維持費ハ会費及有志者ノ寄附金ヲ以テ之ヲ支弁ス
　　　　第12条　本会々員ハ会費トシテ入会ノ際一時金五拾銭ヲ納入スルモノトス
　　　　第13条　本会ニ賛助員ヲ置ク
　　　　　　　賛助員ハ一口以上ノ維持費ヲ納入スルモノトス
　　　　　　　維持費ハ一口金弐拾円トシ一時又ハ二年ニ分チテ納入スルモノトス
　　　　第14条　本会支部ニ関スル規約ハ別ニ之ヲ定ム
　　　　第15条　本会事務所ハ当分ノ内東京市本郷区お茶の水東京教育博物館（電話小石川2211番）ニ置ク

38 前掲37
39 「会告」『生活改善』第5号　生活改善同盟会　大正11年8月　p.17
40 表中の記載は、章立ての見出しは下記寄附行為の章立て項目を記載し、条目はその内容を表した。

「生活改善同盟会寄附行為」社会教育研究会『社会教育』第2巻第7号　社会教育協会　大正14年7月　pp.75-78

管見によれば大正14年のこの掲載が、寄附行為全文を掲載したものでは最も早い時期のものである。

　　　　生活改善同盟会寄附行為
　　第1章　目的及事業
第1条　本会は社会民衆を教育し国民生活の改善向上を期するを以て目的とす
第2条　本会は其の目的遂行の為め左の事業を行ふ
　　　　1．衣食住社交儀礼等の改善に関する調査
　　　　2．生活改善の実物宣伝及実行の促進
　　　　3．講演会　講習会　展覧会等の開催
　　　　4．会誌並に調査報告等の発刊
　　　　5．其他生活改善上必要なる事項
　　第2章　名称及事務所
第3条　本会は財団法人生活改善同盟会と称す
第4条　本会の事務所は当分の分(ママ)東京市麴町区元衛町1番地文部省内に置く
第5条　本会は各地方に支部を設け支部長を置く
　　　　支部に関する規約は理事会の決議を経て別に之を定む
　　第3章　資　産
第6条　本会の資産は基本財産及経常財産の二種とす
第7条　設立当時に於ける基本財産は設立者の寄附したる資産中銀行預金参千円とし設立後五ヶ年間に基本財産金二十万円に達せしむるものとす
　　　　基本財産指定寄附金並経常財産の剰余金の一部を基本財産に編入するものとす
第8条　経常財産は基本財産より生ずる収益、寄附金会費及其他雑収入を以て之に充つ
　　　　但し設立当時の経常財産は設立者の寄附したる資産中一万五千九百参拾七円八拾九銭とす
第9条　資産管理の方法は評議員会の決議を経て之を定む
第10条　本会の経費は経常財産を以て之を支弁し基本財産の元本を消費することを得ず
第11条　本会の会計年度は四月一日に始り翌年三月末日を以て終る
第12条　本会の予算は評議員会に於て之を議決し決算は評議員会の承認を経るものとす
　　第4章　役　員

第13条　本会は総裁を推戴す総裁は本会を統督す
第14条　本会に左の役員を置く
　　　　会長一名、副会長二名、理事五名以上十五名以下
　　　　監事二名、評議員若干名、顧問若干名
第15条　会長、副会長は評議員会に於て推薦し、会長は本会を総理す
　　　　副会長は常に会長を補佐し会長事故あるときは其の職務を代理す
　　　　顧問は会長之を嘱託す
第16条　理事は賛助員維持会員中より会長之を選任す理事は本会の会務を処理す理事の互選により理事長一名常務理事二名を置く理事長は本会を代表し常務理事は日常の事務に従事す
　　　　理事長及常務理事の任期は理事の任期に伴ふものとす
第17条　監事は評議員中より之を互選す
第18条　会長、副会長、理事、監事の任期を各二ヶ年とす補欠に依る前項役員の任期は前任者の残任期間とす第一項による役員が任期満了の場合と雖後任者の就職する迄は其の職務を行ふ
第19条　評議員は本会に功労あるもの並に賛助員、維持会員及支部長中より会長之を嘱託す

　　　　第5章　会　員
第20条　本会の会員を賛助員、維持会員、普通会員の三種とす
　　　　１、賛助員は本会の趣旨を賛し金五拾円以上の維持費を寄附するものとす
　　　　２、維持会員は毎年１口以上の維持会費を納入するものとす但し維持会費は１口金参円とす
　　　　３、普通会員は毎年金一円を納入するものとす
　　　　会員には年二回の本会の事業報告書を送り其他の刊行物は無料又は実費を以て提供するものとす

　　　　第6章　会　議
第21条　本会の会議は総会、評議員会及理事会とし凡て会長之を招集す
第22条　総会は年一回之を開き会務及決算の報告を為す但し必要に応じて臨時総会を開くことあるべし
　　　　総会は会員三十名以上の出席により開会し議決は出席者の過半数を以て之を決す
　　　　総会の議長は会長を以て之に充て会長副会長事故ある時は理事中予め定めたる者之を代表す
第23条　評議員会は毎年二回以上之を開き会長に於て必要と認むる場合又は評議員十名以上の請求ありたる場合は臨時之を開く

　　　　　評議員会は評議員十名以上の出席を以て開会し議長は会長之に当り其の決
　　　　　議は出席者の過半数を以て之を決す可否同数なる時は議長之を決す
　　　　　但し会長副会長事故ある時は年長者を以て議長とす評議員会に於て決議す
　　　　　る事項は概ね左の如し
　　　　　　1．予算の議定及決算の承認
　　　　　　1．会長副会長の推薦及監事選出其他本会の重要事項
　　　第24条　理事会は会務の執行其他必要なる事項につき開会す
　　　　　理事会は理事の過半数を以て開会し決議の方法は評議員会の例に依る、会
　　　　　長副会長事故ある時は前条の例に依る
　　　　　　第7章　寄附行為変更及解散
　　　第25条　本会の寄附行為は評議員会の決議を経主務官庁の許可を得るにあらざれば
　　　　　変更することを得ず
　　　　　前項の場合に於ける評議員会の議決は評議員二分の一以上の出席により開
　　　　　会し出席者の三分の二以上の同意を後（ママ）て其を決す
　　　第26条　本会は必要に応じ評議員会の決議を経て解散することを得
　　　　　解散の場合に於ける残余財産の処分は評議員会の決議に依る前二項に依に（ママ）
　　　　　る評議員会議決の方法は前条第二項に依る
　　　　　　附　則
　　　第27条　本会は理事会の決議を以て別に細則を設くることを得
　　　第28条　従来の生活改善同盟会賛助員、維持会員、普通会員は本会設立と同時に別
　　　　　に手続を要せずして本会の賛助員、維持会員及普通会員とし其の権利義務
　　　　　を取得す
41　前掲40
42　棚橋源太郎「生活改善同盟会と澁澤子爵との関係」土肥脩策編『澁澤翁と生活改善』
　　生活改善同盟会　昭和6年　pp.35-36
43　棚橋源太郎は会名について「本会が最初生活改善同盟会といふ名前を附けたのは、
　　十二ヶ条程の実行項目を挙げて、必ず之を実行する同盟者の団体とするといふ意味で
　　あつた。」と「生活改善同盟会と澁澤子爵との関係」（前掲42　pp.30-31）に記されて
　　いる。
44　乗杉は、『社会教育講演集』の中で、年度途中のため文部省からの予算がとれず、「生
　　活改善に関する運動の第一としては民間の力を借りるといふことを最初の計画の一つ
　　と致しました」（『社会教育講演集』帝国地方行政会　大正10年　p.4）と民間の力を
　　借りた生活改善運動の展開を計画しており、生活改善同盟会の運営費として有志の寄
　　附を予定していたことがわかる。
45　棚橋源太郎は、渋沢栄一の事務所へ行き、改善条目に関する話をしている。（前掲42

pp.30-31)

棚橋源太郎が渋沢栄一に示した初期の実行条目や、変更後の実行条目は明らかではない。しかし、大正9年2月の時点での「本会規約」第3条に記された17項目からなる改善条目に、ほぼ準じた具体的な事項が掲げられていたものと推測できる。渋沢の指摘を受ける前には、第3条の17項目とほぼ同じ具体的項目を会員全員が断行することとし、同盟会の理想的あり方を描いていた。

　　第3条　本会々員ハ前条ノ目的ヲ達成センカタメ衣食住社会儀礼等ノ改善ニ心掛クルハ勿論、先ツ以テ着手シ易キ左記事項ノ実行ニ努力スルモノトス

- 一．時間ヲ正確ニ守ルコト
- 一．訪問、紹介、依頼等ハ相互ノ迷惑ニナラサル様心掛クルコト
- 一．親近者ニ対スル外停車場等ノ送迎ヲ廃スルコト
- 一．年玉、中元、歳暮、クリスマスプレゼント、餞別、手土産、祝儀、不祝儀等ニ於ケル虚飾ニ亘ル贈答ヲ廃止スルコト
- 一．年賀、時候見舞等ノ回礼及書信ノ往復ハ虚礼ニ亘ラサルコト
- 一．冠婚葬祭其他ノ儀礼ハ厳粛ヲ旨トシ虚飾ニ流レサルコト
- 一．宴会ノ弊習ヲ改ムルコト
- 一．酒杯ノ献酬ヲ廃止スルコト
- 一．節酒
- 一．節煙
- 一．衛生上他人ノ迷惑トナル行為ヲ慎ムコト
- 一．迷信ニ基ケル弊習ヲ排スルコト
- 一．雇用人ニ対シテハ人格ヲ重ンシ親切ヲ旨トスルコト
- 一．冗費ヲ省キ収入ノ幾分ヲ必ス貯蓄スルコト
- 一．金品ハ濫ニ貸借セサルコト
- 一．水道、電灯、瓦斯等総テ公共的物資ノ浪費ヲ避クルコト
- 一．群集ノ場所ニ於テハ特ニ礼儀秩序ヲ重ンシ弱者ヲ扶クル様心掛クルコト

46　前掲42　pp.30-37

47　前掲37

48　東京教育博物館は、明治10年に上野公園内に設置された「教育博物館」を前身としており、高等師範学校の附属となり大正3年に文部省普通学務局所管「東京教育博物館」となる。大正10年6月には「東京博物館」と改称され、昭和6年に東京科学博物館、そして昭和24年国立科学博物館となり現在に至る。(前掲19　p.185「東京教育博物館の質的な変遷」、p.335「図58　国立科学博物館の系統」)

49　「会告本会事務所移転」『生活改善』26号　生活改善同盟会　大正12年12月　p.12

50　「編集後記」『生活』第9巻8月号　生活改善同盟会　昭和8年8月　p.59

「本会記事」『生活』第 9 巻 9 月号　生活改善同盟会　昭和 8 年 9 月　p.61
なお、生活改善同盟会の本部事務所という名称は、法人組織となってからは寄附行為により事務所と規定されている。

51　前掲 30
52　前掲 37
　　第 5 条　本会々員タラント欲スル者ハ住所氏名ヲ本会事務所ニ届出テ会員徽章ヲ受クヘシ
　　　　　　本会々員ハ会員徽章ヲ佩用スルモノトス
53　『生活』第 7 巻 10 月号　生活改善同盟会　昭和 6 年 10 月　p.16
54　幹事会の際に撮影された集合写真は、『生活改善』第 1 号（前掲 28）の巻頭に掲載されている。
55　『生活改善』第 3 号　生活改善同盟会　大正 11 年 1 月　p.71
56　前掲 55　巻頭にある門標の広告の主文と図の脇に付けられた説明文による。
　　・広告主文
　　　　全国各地会員諸君から熱心なる御希望に依り今回本会会員の門標を制定作製致しました。該門標はブリキ台セルロイド製着色の頗る体裁よきもので、本会調査委員東京美術学校講師齋藤佳三氏の意匠考案に成つたものであります。（略）直に郵送致します。
　　・図の脇に付けられた括弧書きの説明文
　　　　（門標雛形実物大文字黒色縁線緑色）
57　門標の広告は、『生活改善』第 3 号（前掲 55）巻頭に掲載されている。
58　前掲 37
59　前掲 40
60　10 月 19 日の幹事会については、「諸会合」（前掲 55　p.110）に記されている。3 部制に関する分掌規定などについては「本会役員事務分掌」（前掲 55　pp.105-106）に記載されている。
61　前掲 17
62　調査員については、大正 12 年 4 月『生活改善調査決定事項』には、雛祭の改善に関する調査委員会からの報告と委員氏名が、また昭和 2 年『生活』6 月号には、国賓に対する国民の作法ならびに心得に関する調査委員、暦の統一および年中行事に関する調査委員、ひな祭りの改善に関する調査委員の氏名が掲載されており、衣食住、社交儀礼、農村生活の 5 つの改善調査委員の他にも調査委員会を設けていた。公衆マナーや年中行事、暦に関する内容は、広く社交儀礼の一部と捉えることができる。
　　以下、住宅改善調査委員、服装改善調査委員、社交儀礼改善調査委員、食事の改善調査委員、農村生活改善調査委員を記す。なお、農村生活改善調査委員会ではその下に

3ないし4分野の委員会を設置しており、昭和2年の『生活』では衣食、住、社交儀礼に関する3委員会を、昭和6年の『農村生活改善指針』では衣食、住、社交儀礼、衛生に関する4委員会の記載がみられる。

　　　住宅改善調査委員会の委員
　　（『生活改善』第1号　大正10年4月　pp.36-37　イロハ順）
委員長　　東京帝国大学教授　　　工学博士　　　　佐野　利器
副委員長　清水組顧問　　　　　　　田邊　淳吉
日本女子大学校教授　　井上　秀子　　　大蔵技師工学博士　　大熊　喜邦
東京女子高等師範学校教授　大江スミ子　　内務技師　　　　笠原　俊郎
内務書記官　　　　　田子　一民　　　　文部技師　　　　高橋　理一
東京帝国大学講師　林学博士　田村　剛
東京教育博物館長文部省督学官　棚橋源太郎
三菱合資会社技師　　津田　鑿　　東京府立第三高等女学校教諭　中澤美代子
家庭経済学会長　　　野口　保興　　文部事務官社会教育課長　乗杉　嘉寿
　　　　　　　　　　野中　正　　東京高等工芸学校教授　　前田　松韻
東京市技師　　　　　福田　重義
早稲田大学教授　東京美術学校講師　今　和次郎
東京府立工芸学校教諭　　木檜　恕一　　　　　　　　　桜田節弥子
三輪田高等女学校長　　三輪田元道　　　神宮造営局技師　本郷　高徳

　　　服装改善調査委員会の委員
　　（『生活改善』第1号　大正10年4月　pp.39-40　イロハ順）
委員長　　東京帝国大学教授　医学博士　横手千代之助
副委員長　成女高等女学校長　　　　　宮田　脩
　　　　　　　　　　入澤　常子　　東京府立第一高等女学校長　市川　源三
日本女子大学教授　　井上　秀子　　佐藤高等女学校長　　　濱　幸次郎
　　　　　　　　　　東郷　昌武　　東京裁縫女学校長　　　渡邊　滋
家庭職業研究会理事　亀井　孝子　　日本女子商業学校長　　嘉悦　孝子
東京高等師範学校教授　可児　徳　　東京女子医学専門学校長　吉岡　弥生
内務書記官　　　　　田子　一民
東京教育博物館長文部省督学官　棚橋源太郎
文部事務官社会教育課長　乗杉　嘉寿　家庭経済学会長　　野口　保興
　　　　　　　　　　野中　正　　東京美術学校講師　　　齋藤　佳三
東京高等工業学校教授　齋藤　俊吉　　　　　　　　　　桜田節弥子

文部省学校衛生官医学博士　北　豊吉　　三輪田高等女学校長　　三輪田元道
　　　　　　　　　　　並木伊三郎　　　　　　　　　　　　　高木　鐸子
　　　　　　　　　　　吉田　子豊

　　社交儀礼の改善調査委員会の委員
　　（『生活改善調査決定事項』大正12年3月　p.2　イロハ順）
委員長　東京帝国大学教授　法学博士　矢作　栄蔵
副委員長　三輪田高等女学校長　　三輪田　元道
東京府立第一高等女学校長　市川　源三　　侯爵夫人　　　　　井上　末子
　　　　　　　　　　　　　入澤　常子　　　　　　　　　　　井深　花子
共立女子職業学校校長　　　鳩山　春子　　佐藤高等女学校長　濱　幸次郎
東京女子商業学校長　　　　甫守　謹吾　　日本女子大学教授　穂積　銀子
　　　　　　　　　　　　　東郷　昌武　　日本女子商業学校長　嘉悦　孝子
東京女子医学専門学校長　　吉岡　弥生　　内務省社会局部長　田子　一民
東京博物館長　　　　　　　棚橋源太郎　　青山女学院教頭　　塚本はま子
文部事務官社会教育課長　　乗杉　嘉寿　　家庭経済学会長　　野口　保興
文部事務官　　　　　　　　矢野　貫城　　山脇高等女学校長　山脇　房子
東京女子大学学監　　　　　安井　哲子　　　　　　　　　　　山内　柳子
　　　　　　　　　　　　　山中　見道　　三井合名会社重役　間島　與喜
　　　　　　　　　　　　　松村　菊枝　　跡見女学校長　　　跡見　李子
桜井女塾長　　　　　　　　桜井ちか子　　　　　　　　　　　桜田節弥子
　　　　　　　　　　　　　桐島　像一　　成女高等女学校長　宮田　脩
実践女学校長　　　　　　　下田　歌子　　子爵夫人　　　　　本野　久子

　　食事の改善調査委員会の委員
　　（『生活改善調査決定事項』大正12年3月　p.66　イロハ順）
委員長　東京帝国大学医学部教授　医学博士　横手　千代之助
東京府立第一高等女学校長　　　　　　　市川　源三
東京帝国大学農学部教授　農学博士　　　稲垣　乙丙
日本女子大学校教授　　　　井上　秀子　　　　　　　　　　　一戸　伊勢
日本女子医学専門学校長　　吉岡　弥生　　東京博物館長　　　棚橋源太郎
　　　　　　　　　　　　　宇野弥太郎　　家庭経済学会長　　野口　保興
陸軍糧秣本廠一等主計　　　丸本　彰造　　桜井女塾長　　　　桜井ちか子
　　　　　　　　　　　　　桜田節弥子
文部省学校衛生官　　　医学博士　北　豊吉

　　　　　　　　　　　　木村　元雄　　　　三輪田高等女学校長　三輪田元道

　　農村生活改善調査委員会の委員
　　（『生活』第3巻第6号　昭和2年6月　pp.42-43　イロハ順）
・農村生活改善家屋部調査委員
　　委員長　　農学博士　横井　時敬　　副委員長　法学博士　矢作　栄蔵
　　　　　　　工学士　　石原　憲治　　　　　　　農学博士　本多岩次郎
　　　　　　　工学博士　大熊　喜邦　　　　　　　　　　　　岡　　尊信
　　　　　　　　　　　　小田内通敏　　　　　　　林学博士　田村　　剛
　　　　　　　　　　　　有働　良夫　　　　　　　　　　　　岡部　　彰
　　　　　　　　　　　　間島　與喜　　　　　　　　　　　　今　和次郎
　　　　　　　　　　　　阿部　五郎　　　　　　　　　　　　有馬　頼寧
　　　　　　　農学博士　佐藤　寛次　　　　　　　　　　　　棚橋源太郎

・農村生活改善社交儀礼部調査委員
　　委員長　　農学博士　横井　時敬　　副委員長　法学博士　矢作　栄蔵
　　　　　　　農学博士　本多岩次郎　　　　　　　　　　　　東郷　昌武
　　　　　　　　　　　　千葉　敬止　　　　　　　　　　　　嘉悦　孝子
　　　　　　　　　　　　塚本　はま　　　　　　　農学士　　山崎　延吉
　　　　　　　農学士　　小出　満二　　　　　　　　　　　　鈴木　静穂
　　　　　　　　　　　　片岡　重助　　　　　　　　　　　　丸茂　忠雄

・農村生活改善服装食事部調査委員
　　委員長　　農学博士　横井　時敬　　副委員長　法学博士　矢作　栄蔵
　　　　　　　農学博士　稲垣　乙丙　　　　　　　　　　　　渡邊　　滋
　　　　　　　　　　　　嘉悦　孝子　　　　　　　　　　　　塚本　はま
　　　　　　　　　　　　間部　　彰　　　　　　　農学士　　小出　満二
　　　　　　　農学博士　佐藤　寛次　　　　　　　農学博士　澤村　　眞
　　　　　　　　　　　　湯澤　三千男　　　　　　　　　　　丸茂　忠雄

63　服装改善特別委員会と服装改善調査委員会の関連については、不明であるが、管見によれば住宅改善調査委員会では、委員会委員の中に特別委員を決めて協議していることから、同様の組織体制をとっているとすれば、服装改善調査委員会の中に服装改善特別委員会を設けたものと考えることができる。
64　「生活改善同盟会新年度の事業」『生活改善』№9　生活改善同盟会　大正12年4月

　　　　　p.1
65　農村生活改善調査委員会の委員を委嘱した月日については不明であるが、今和次郎の業績をまとめた川添登は著書『今和次郎―その考現学』（リブロポート　1987年7月）の巻末「年譜」（p.295）の中で、今和次郎は大正13年1月に生活改善同盟会の委員の委嘱を受けたと記している。推測の域は出ないものの、『農村生活改善指針』の冒頭に委員委嘱は大正13年であると記載していること、同盟会の事業活動から大正13年に委員を委嘱したと考えられる委員会は農村生活改善調査委員会であることから、大正13年1月に農村生活改善調査委員会の委員委嘱を行ったものと推測することができる。
66　『生活改善』№25　財団法人生活改善同盟会　大正13年11月　p.2
　　なお、住宅関係の委員会開催の状況については、大正13年11月24日が確認できたものの、大正13年から昭和3年ごろまでの機関誌の大半の所在が確認できていないことから、現時点では詳細は不明である。
67　機関誌の表紙に掲載された目次の「会報」欄には「農村生活改善案」と記され、該当頁には「農村生活改善法」と記されている。本論では、後者を用いた。
68　拙稿「生活改善同盟会に関する一考察―設立と活動内容に関する研究―」『生活美学紀要』（『学苑』第621号）昭和女子大学近代文化研究所　平成3年7月　pp.130-138
69　前掲28　p.25
　　この記事は、「生活改善同盟会の成立まで」の中で、発会式の来賓であった貴族院議員江原元六の挨拶「生活改善同盟会に嘱望す」を掲載した後に、小さな文字で記載され、タイトルなどはない。江原の講演記事の一つ前の記事に「来賓を代表して貴族院議員江原元六氏は祝辞を述べられ深く本会の将来に嘱望せられた。其の梗概は之を別項に収め置いた。会員側からは、中山半君が情熱溢るる演説を試みた。江原翁の発声で、一同両陛下の万歳を三唱し、我同盟会は茲にめでたく成立したのである。」（p.22）と記されていることから、該当記事は、この中山半の演説を紹介した記事ではないかと推測する。
70　前掲37
71　「本会支部設置規約」『生活改善』7号　生活改善同盟会　大正12年2月　p.4
　　　　本会支部設置規約
　　　第1条　本会ハ本会寄附行為第5条ニ基キ各地方ニ支部及連合支部ヲ設ク
　　　　　　　支部ハ必要ニ応ジテ分会ヲ設クルコトヲ得
　　　第2条　支部ハ維持会員三十名以上分会ハ維持会員十名以上ヲ有スル場合之ヲ設置スルコトヲ得
　　　　　　　道庁府県内ニ相当数ノ支部ヲ有スル場合ハ連合支部ヲ設置スルコトヲ得
　　　　　　　連合支部長及支部長ハ本会々長之ヲ嘱託ス

　　　　第3条　本会ハ連合支部並ビニ支部ニ対シ本会調査ニ係ハル印刷物ヲ配付シ其他必
　　　　　　　要ニ応ジテ支部事業ノ便宜ヲ図ルモノトス
　　　　第4条　連合支部並ビニ支部ニ於テ其ノ規約ヲ設ケ又ハ変更シタル場合ハ本会々長
　　　　　　　ニ報告スルモノトス
　　　　　　　連合支部並ビニ支部ニ於テ役員ヲ定メ若シクハ之ヲ変更シタルトキ亦同ジ
　　　　第5条　連合支部及ビ支部ノ会計ハ独立経済トス
　　　　第6条　連合支部及ビ支部会員ハ本会ノ徽章ヲ用ヒルコトヽシ入会ノ際会員章並ビ
　　　　　　　ニ「生活改善調査決定事項」印刷物の実費配布ヲ受クルモノトス
　　　　第7条　連合支部並ビニ支部ハ毎年一回其ノ事業功程及ビ会計状態ノ概要ヲ本会々
　　　　　　　長ニ報告スルモノトス
72　前掲71
73　支部の設置については下記発表を基にしている。
　　礒野さとみ　内田青蔵「生活改善同盟会の活動状況について1―支部の設置―」日本
　　家政学会　第46回大会研究発表要旨集　平成6年5月　p.271
74　前掲40
　　　　第5条　本会は各地方に支部を設け支部長を置く
　　　　　　　支部に関する規約は理事会の決議を経て別に之を定む
75　答申理由
　　　　一　通俗教育ニ関スル事項ハ固ヨリ文部省ノ主管ニ属スト雖広ク学校以外ニ於テ施
　　　　　設スヘキモノナルカ故ニ他ノ諸省並地方庁ノ経営ニ待ツコト少シトセス又独リ
　　　　　官庁ノミナラス地方公共団体其ノ他教育会各宗教会青年団等ノ如キ各種ノ団体
　　　　　ニモ深キ関係ヲ有セリ殊ニ新聞紙ノ如キハ其ノ関係最モ広ク且ツ大ナリトス故
　　　　　ニ通俗教育ノ改善ヲ図リ其ノ実効ヲ収メムニハ此等朝野各方面ノ連絡ヲ保チテ
　　　　　通俗教育ニ関スル事項ヲ審議シ社会ノ状態ニ順応シテ適切ナル施設ヲ講スル為
　　　　　文部省ニ調査機関ヲ設置シ之ヲ組織スルニ各方面ノ人物ヲ以テシ常ニ当局ノ諮
　　　　　問ニ答ヘ又進ンテ意見ヲ開陳スルヲ得シメ協力一致シテ事ニ当ルノ要アリ之レ
　　　　　第一項ノ如ク決議セル所以ナリ
　　　　　　　　　（小川利夫「諮問第八号　通俗教育ニ関スル件」前掲5　pp.835-836）
76　答申理由
　　　　三　通俗教育ノ改善発達ヲ図ルニ於テ地方公共団体及教育会其ノ他ノ公益団体ノ協
　　　　　力ヲ促シ相提携シテ其目的ヲ達セムカ為ニハ成ルヘク各地方ニ通俗教育ニ関ス
　　　　　ル主任者ヲ置カシムルノ必要アリ現ニ若干ノ地方ニ在リテハ既ニ地方費ヲ支出
　　　　　シテ主任者ヲ置クモノアリ相当ノ効果ヲ収メツツアルモノノ如シ因テ文部省ニ
　　　　　於テ主任官ヲ設クルト共ニ各地方ニ於テモ主任者ヲ置キ地方公共団体及公益団
　　　　　体等ノ連絡協調ヲ保タシメ相協力シテ以テ其ノ効果ヲ完カラシムルノ途ニ出テ

ラレムコトヲ要ス
　　　　　　　　　　　　（小川利夫「諮問第八号　通俗教育ニ関スル件」前掲5　p.836）
77　『生活』第9巻5月号　生活改善同盟会　昭和8年5月　pp.2-20
　　全国生活改善関係者協議大会の祝辞は文部大臣、内務大臣、中央教化団体連合会長、愛国婦人会長、大日本連合婦人会理事長の5名から寄せられている。そして、協議会では文部省諮問案「時局に鑑み生活化自演の実行を普及せしめる方法如何」を討議している。なお、協議会の冒頭この諮問案の説明を行ったのは、社会教育局庶務課長小尾範治である。
　　大会出席者は、樺太、沖縄を始めとする各道府県を代表する人々であった。
78　生活改善講演会の開催は下記の通りである。
　・大正10年11月12日に第1回生活改善講演会を開催、会場は神田駿河台下の中央仏教会館で、三輪田、塚本、大迫が講演している。（『生活改善』第3号　前掲55　pp.95-100）
　・大正11年2月21日に生活改善講演会を開催、会場は浅草公園の青年仏教伝道会館で、吉岡、市川、乗杉が講演をしている。（『生活改善』第4号　生活改善同盟会　大正11年4月　p.70）
　・大正11年4月22日に生活改善講習会を開催、会場は神田美土里町の青年会館で、添田、渋沢、小橋が講演している。（『生活改善』第5号　生活改善同盟会　大正11年8月　pp.45-48）
79　前掲40　p.80
80　整容講習会の「整容」という語を用いたのは、『生活』第7巻1月号（昭和6年1月）の編集後記に「美容」とあり、同誌「本会記事」には「整容」とある。整容とは、姿を整えることで、身だしなみを意味している。写真では着装を整えていることを考え合わせると「本会記事」で用いられた「整容」が妥当と考えた。
81　「講師出張講演」『生活改善』7号　財団法人生活改善同盟会　大正12年2月11日　p.10
82　『生活改善』第2号　生活改善同盟会　大正10年8月　p.108・下段
　　　（略）地方に在る支部とか或は婦人団体から本会に向つて生活改善に対する講師を要求して来る事が非常に多いので、役員の方、調査員の方等で地方へ御出張になつたのが、或は役所の公用で御行でになつた方もありませうが、詳しい数は分りませぬが、昨年一年で少なくとも三四百回、或は夫以上全国に向て北は北海道から西は鹿児島に至る位の範囲内に於て講演をして宣伝をされたのであります。
83　『生活改善』第4号では「本会録事」（pp.67-88）の中のp.70に「市内講演会」「横浜講演会」として記載があり、「地方便り」の中のp.78に「栃木県絹村便り」として記載があり、pp.80-82に「生活改善同盟会岡山県支部」として講演に関する記載がみら

れる。

84 「講師派遣」『生活』第9巻10月号　財団法人生活改善同盟会　昭和8年10月　p.63
「本会記事」の中に「講師派遣」の項を設けている。講演の開催地は昭和8年9月13日、19日、20日、21日は東京市内、9月16日より29日迄2週間は栃木県において開催されている。

85 「生活改善同盟会岡山支部」『生活改善』第4号　生活改善同盟会　大正11年4月21日　p.80

86 拙稿「生活改善同盟会の活動に関する研究―講演活動について―」『近代文化研究所紀要』（『学苑』第803号）昭和女子大学近代文化研究所　平成19年9月　pp.124-129

87 前掲5　p.837

88 前掲5（pp.841-867）の中に以下のように述べている。
（略）通俗講演会の取締りがこのように困難をきわめたのは、講演会の催し方自体にも問題があったが、それ以上に、「講師先生」に「特ニ注意シナケレバ」いけなかったからでもある。(p.846)

89 「彙報」『社会教育』第2巻第6号　社会教育協会　大正14年6月　p.117
▼経済生活展覧会
生活改善同盟会が予て文部省及内務省後援の下の計画中であつた経済生活展覧会は5月27日より6月2日迄東京お茶の水女子高等師範学校に於て開催することに決定した

前掲40　pp.75-83

90 主催者である大日本連合婦人会は、文部大臣の訓令「家庭教育振興ニ関スル件」を受けて、家庭教育振興・家庭生活改善を行う全国の婦人団体のまとめ役として昭和5年12月23日に創立した文部省の外郭団体であり、翌昭和6年3月の発会式をあげるまでの間にこの展覧会の主催者になっている。
国立教育研究所『日本近代教育百年史　8』国立教育研究所　1973年12月　pp.344-353
日本文化中央連盟編纂『日本文化団体年鑑　昭和13年版』1938年5月

91 「家庭生活用品改善展覧会出品目録」『生活』第7巻第6号　財団法人生活改善同盟会　昭和6年6月　pp.31-35
文部省は、昭和5年に「家庭教育振興ニ関スル」訓令を出している。これは、家庭教育を担当する婦人をまとめるための組織を作り、婦人を通して家庭教育の充足を図るという訓令で、この訓令の主旨を受けて、生活改善同盟会と大日本連合婦人会が合同主催となり家庭用品改善展覧会を開催したものと考える。

92 東京教育博物館「「時」展覧会　イ．開催趣旨」『東京教育博物館一覧』大正10年　東京教育博物館　pp.20-21

イ．開催趣旨、今日我が国民の生活上には、幾多改善を要する事あらんも就中、時間尊重時刻厳守の美風を発達せしむるが如く急務なるもの恐らく他にあらざるべし。（略）

93　前掲40　p.81
　　表彰については、「大正九年以来「時」記念日に際し時間尊重定時励行に関する功労者を表彰したのは個人二百六十二名、団体六十一」と記載されている。

94　前掲28　p.43

95　同上

96　前掲5　p.837

97　事業資金提供者である賛助員については、大正9年2月付「本会規約」14条目の中にはみられず、同年12月の規約15条目の中には賛助員の条項が確認できる。この2月から12月の間に、資金確保のため新たに賛助会員の条目を一項目設けている。そして、同盟会設立直後の大正9年3月には、渋沢を中心とする実業家の評議員が集まり、運営資金の計画を立てていることから、具体的運営資金の話し合いが開かれた3月以降の集会の中で、賛助員を設ける計画が立てられたものと考えられる。

98　前掲64　p.9

99　同上

100　前掲37　pp.10-11

101　前掲71

102　昭和8年に開かれた全国生活改善関係者協議大会の協議会の中で、文部省側として出席した小尾範治が「生活改善同盟会に就きまして、文部省が其様な機関を活動さしてそれに依つて実行を促すことが適当であらうと考へまして、同盟会の設立以来僅かでありますが、年々補助金を交付して、其の趣旨の普及徹底、並に其の実行の促進に御尽力願つて居ります」（「協議会」『生活』第9巻5月号　財団法人生活改善同盟会　昭和8年5月　p.7）と述べている。

103　奨励補助金は大正12年3月31日交付の記載が最初に確認できる（前掲64）。この後は、昭和5年3月31日と昭和6年3月5日に、文部省から各1000円の事業補助金が交付されている（「本会記事」『生活』第6巻5月号　財団法人生活改善同盟会　昭和5年5月　p.54、「本会記事」『生活』第7巻4月号　財団法人生活改善同盟会　昭和6年4月　p.54）。

104　大正14年の紙上に生活改善同盟会の事業計画に関する下記の記事があり、14年度は文部省と内務省の援助を受けることを前提として事業計画を立てており、同盟会は、事業計画とその計画に必要な費用を概算し、内務省から事業補助金を受けるために申請を行う。この申請に対して内務省は補助金を支給する仕組みであることがわかる。そして、この年は内務省から3000円位の補助金が受給される見込みであると記

載されていることから、少なくとも大正14年には、内務省から事業補助金を受けたものと考えられる。

 「展覧会や講習生活改善同盟会の明年度事業」（『東京朝日新聞』東京版　大正14年1月31日（土）　p.8）

 伊藤公を会長とする生活改善同盟会では文部、内務両省の援助により十四年度は左の如き事業を計画した

 先づ五千円を以てお茶の水教育博物館内に生活改善展覧会を開き衣食住社交儀礼に関する参考品を陳列する、また五千五百円を以て東京、大阪、名古屋、広島、福岡、仙台、札幌、金沢等に講習会を開き一般に趣旨を徹底さする、更に七千五百円で印刷その他の宣伝費とする、この予算会計一万八千円を計上しその内一万円を内務省から補助を仰ぐべく申請し残八千円を同会経常費から支出することになつて居るが財政整理の折柄であるから内務省の補助は一万円は不可能で三千円位を補助するらしいから多少新事業を縮小する必要があらうとのことである

 更に右事業の外に全国各支部と協力して約三十万円の寄附を集めること、なつたがこれを基本金とし確実なる事業を行ふ予定である、尚将来は参考陳列館を建設する計画もある

105　昭和6年2月に出版した『農村生活改善指針』の「序」の文面に「尚又内務、文部両省よりは、特別補助金を賜はる等絶大の御後援を得て委員会設置以来6年、茲に全部の調査を完了いたしたのであります」（「序」『農村生活改善指針』財団法人生活改善同盟会　昭和6年2月　p.2）とあり、文部省内務省の両省から特別補助金を受けたことがわかる。

106　大正10年の創刊から昭和8年11月までの期間に、機関誌名は「生活改善」から「生活」に改名されている。改名後の初刊号や改名前後の改名に関する記事を掲載した冊子や機関誌は、公共図書館や大学図書館では保管されておらず、改名の理由や時期についてはわかっていない。現時点において、機関誌『生活』を確認できる最初の冊子は第3巻6月号の冊子である。この冊子の発行年月日は、奥付に記載されておらず確認できない。発行年月が記載された最初の冊子は、昭和3年の『生活』第4巻である。このように昭和の年号と雑誌の巻号から冊子改名の時期については、大正14年中に「生活」第1巻が出版されたものと推測した。

107　改訂にあたり、検討委員会が開かれ服装について検討している。食・住など他の分野については改訂のための検討委員会の開催は確認できていない。

108　小川剛「解題―書誌学的考察」『社会教育』別巻（復刻版）　大空社　1991年5月　p.6

109　「図書紹介」『社会教育』第1巻第5号　社会教育協会　大正13年8月　p.64

『生活改善の栞』
　　　本書は、我国唯一の財団法人生活改善同盟会が、過去四ヶ年間に渉つて、生活に関する各方面の事項を、夫々専門大家を委員として、調査研究したる結果に依り在来の生活法を整理し其の様式を改善して一層合理的ならしめ、個人及国家の向上発展を計るため発表したるものである。

110　同上
111　『新しい日本住宅実例』『実生活の建直し』『今後の家庭生活』の3冊は発行所が寶文館である。
　　『生活改善』第5号（大正11年8月　p.76）に日用品の広告紹介を掲載している。
　　　会告
　　　本会は本誌第五号より生活改善に関係ある日用必需品を紹介する趣旨に拠つて其の広告を掲載することにいたしました、就きましては今後号を逐つて多数の広告申込を得て幾多有益なる物品の紹介に務めたいと思ひます。

112　前掲5　pp.836-837
113　「紹介部設置の予告」『生活』第7巻1月号　財団法人生活改善同盟会　昭和6年1月　p.61
　　　本会は時代に鑑みて今回新に生活改善に即した紹介部を設置することにいたしました。紹介すべき物品は生活改善の実行上、一般に推賞すべき図書、衣、食、住、衛生、看護、教育等に関する優良品（特に国産品）を選んで紹介並に販売の労を取り実際的改善の実を示すやうに奨憻する趣旨のもとに設置したのであります。目下着々進行しつゝありますから追て来春早々第1回の時報を発表いたす積りであります、右時報御覧の上は盛に御利用下さることを希望いたします。

114　「「生活」紹介部設置のおしらせ」は、機関誌の巻末にあり、出版に関する奥書の2頁後に掲載されている。
115　「本会記事」『生活』第8巻5月号　昭和7年5月　p.54
116　大霞会内務省史編集委員会編「五七　安達内務大臣訓示要旨（昭和四・八・六）」『内務省史　第4巻』大霞会　昭和46年11月　p.467
117　「五九　安達内務大臣訓示要旨（昭和五・五・二）」前掲116　p.475
118　前掲98　p.1
119　前掲40　pp.82-83
120　『生活』第7巻第6号「時記念号」昭和6年6月　pp.31-35
121　「将来の事業計画」財団法人生活改善中央会『財団法人生活改善中央会要覧』昭和11年7月　p.7
122　棚橋源太郎「本邦生活改善運動の回顧」長谷川良信編『社会政策体系　9』大東出版社　昭和2年4月　pp.1-9

123　前掲 122　pp.4-5
124　前掲 122　p.8
125　前掲 122　p.9
126　棚橋源太郎「本邦生活改善上の諸問題」前掲 122　pp.13-28
127　関屋貞三郎「伊藤公を憶ふ」『生活』第 7 巻 7 月号　昭和 6 年 7 月　p.6（pp.5-6）
128　前掲 5　pp.836-837

9．あとがき

　本著は、論文「生活改善同盟会の沿革とその住宅改良にかかわる活動に関する研究」の第2章第3章に、加筆修正したものである。

　修士課程で近代住宅史の世界を知り、その後、生活改善同盟会の研究を始めた。生活改善同盟会は、大正期の住宅改良運動を進めた団体として昭和30年代の木村徳国の研究で紹介され、近代住宅史の中でその存在は大きかったものの、生活改善同盟会の住宅改善調査委員会によって提案された住宅改善の方針や都市型住宅の先駆的プランである居間中心形住宅は、大正期の住宅改良の盛り上がりとして記憶にとどめられるに過ぎなかった。そして生活改善同盟会そのものについては、不詳に等しかった。

　本著で紹介した生活改善同盟会の設立経緯から組織ならびに事業展開の概略によって、生活改善同盟会とはいかなる団体であったのか、理解の一助になれば幸いである。

　本著のタイトル「理想と現実の間に―生活改善同盟会の活動」には、新たなる生活像を求めた大正期の高き理想が、古からの慣習や中央官庁により作られた現実という壁の間を、時代の波に押されながらうねりながら進んでいった生活改善同盟会の姿を表現した。あわせて、先に述べた居間中心形の住宅は、第二次世界大戦後に普及している。大正期に蒔かれた理想の種は、アメリカの家族像や生活文化を受け入れる戦後の波に乗って芽を出し、根を張ったのである。この居間中心形という間取りの家は、あるべき生活へと導く理想の家で、これを受け入れられなかった戦前の人々と、一方憧れの生活を実現できる理想の家、この家を手に入れた戦後の人々という、時代の思潮が醸しだす理想と現実が存在しているのである。

　今回、紙幅の都合もあり、生活改善同盟会の活動全てを紹介できなかったことは、残念に思う。

　今後の課題は多く、筆者が専門分野とする住居史の立場から住居および住生活に重点をおいた生活改善同盟会の事業展開ならびに普及の限界について紹介できるよう、さらに修正と研究とを加えていきたいと考えている。

謝　辞

　生活改善同盟会を住宅史研究の研究題材とするようご指導下さいました平井聖先生には、卒業論文から学位取得そして今回の原稿完成までと、長年にわたり諸事アドバイス頂きました。深く感謝申し上げます。今回のブックレット作成も学位論文申請と同様に、情熱的なお言葉で背中を押して下さった島田淳子先生、お世話になった芦川智先生、内田青蔵先生、竹田喜美子先生、友田博通先生、藤岡洋保先生、水沼淑子先生（五十音順）、修士課程でご指導下さった後藤久先生、諸先生方に心より感謝申し上げます。そして、伝記『棚橋源太郎』をお贈り下さいました宮崎惇先生にお礼申し上げます。

　現在は、ネットで国内の公共図書館や大学図書館などの所蔵情報を入手できますが、生活改善同盟会の研究を始めたころは足で所蔵場所を探すことから始まり資料収集に20年近くの年月と労力を費やしてきました。この間、多くの施設の方にお世話になりました。この場をお借りしてお礼を申し上げます。

　お世話になった施設
・蔵書調査の電話と往復はがきに丁寧に応対して下さり、資料を送付して下さった『日本の図書館1994』に掲載された国内の都道府県立図書館および大学ならびに短期大学附属図書館の全ての図書館
・国立国会図書館
・渋沢青淵記念財団竜門社附属渋沢資料館
・国立教育研究所
・昭和女子大学図書館
なお、上記施設名は、利用時の施設名称で記しました。

（環境デザイン学科准教授・近代文化研究所所員研究員）